はじめに

　このまんが作品は、日本測量協会の機関誌である　月刊『測量』という雑誌で 1991 年（平成 3 年）9 月から 1993 年（平成 5 年）2 月まで 1 年半連載していました。

　測量・地図界の将来のために、小中学生に私たちの仕事について関心を持ってもらうべく当時企画されたものです。

　このたび、この連載を手軽に読めるようにまとめた「まんが冊子」をつくりました。

　このまんがを読んだ小中学生の皆さんが、これをきっかけに地球を測った人々の名前に親しんで、図書館でもっと詳しい本でも見かけた時に手に取ってもらえるなど関心をもっていただければ嬉しいことです。

　ところで、このマンガを手がけてもらった湯浅裕行先生は、「若い人に日本と世界の偉人について紹介して、測量・地図界をアピールする趣旨ならば大いに協力しましょう」と再編集について全面賛助をいただきました。ありがとうございます。

　当時、日本測量協会の顧問として毎回監修していただきました檀原毅先生（元静岡大学教授）と土屋淳先生（元国立天文台教授）には謹んでご冥福をお祈りするとともに、厚くお礼を申し上げます。

（日本測量協会　刊行部）

目　次

マップユートピア

地球を測ったひとびと
1

エラトステネス, 科学と学問の都アレクサンドリアへ
◉構成・画=湯浅裕行◉監修=檀原毅・土屋淳

人類が地球の地図を
作ろうとするとき,まず地球
について知る必要があった。

そして,その地球を知る
ためにはさらに宇宙をも
知らなければならなかった。

バビロニアの世界図

アテナイから
アレクサンドリアに
向かうふたりの
旅人がいた。

紀元前244年

エラトステネスと
弟子のサライアス
である。

サライアス

エラトステネス

エラトステネスは多才な
人物であり,
彼の学んだ学問は文法学
に始まり,哲学,科学,
数学と,当時のすべての
学問にわたっていた。

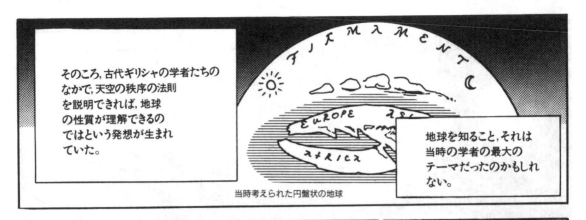

そのころ,古代ギリシャの学者たちの
なかで,天空の秩序の法則
を説明できれば,地球
の性質が理解できるの
ではという発想が生まれ
ていた。

地球を知ること,それは
当時の学者の最大の
テーマだったのかもしれ
ない。

当時考えられた円盤状の地球

そして,また,このエラトステネス
もそれを研究するために
アレクサンドリアにやってきた
ひとりなのである。

きつい坂
だな～

エラトステネスにとって
アレクサンドリアへの一歩は
地球を知るための一歩
でもあった。

先生!
見てください
アレクサンドリア
です!

なにっ

ほんとか!

6

おおっ
ここが
アレクサンドリアか！

ついに
着いたん
ですね。

紀元前332年に
アレクサンドロス大王が
建設したアレクサンドリア
は，ギリシャ世界のどの
都市よりも繁栄して
いた。

それは，最盛期のミレトスや
アテナイよりも豊かで
アンティオキア，スミルナ
などの当時のほかの都市
よりも強大であった。

"アレクサンドリアは
アフロディテの住まうところ
にして，そこには
すべてを見いだすことができる"

ギリシアの詩人ヘロンダスは
アレクサンドリアの栄華を
讃え，こう詩った

7

また、アレクサンドリアには
地中海世界における
科学と学問のメッカと
呼ばれるところがあった。

ムセイオンである

ここには、ヘレニズム世界の
いたるところから天文学者、
数学者、医者、哲学者
などあらゆる分野の
学者が招かれ、研究を
していた。

そして、ここがエラトステネス
が目指した場所で
あった。

あの
エラトステネス
先生でしょうか？

おおっ

こりゃ
すごい!

うーん

あちゃ～～っ
こうなったら
先生は当分
動きそうに
ないぞ。

えっ

先生は
本の虫だから
ね

新しい書物を手にすると
読み終わるまで
離そうとしないんだ。

えーっ
じゃあずっと
ここで待つん
ですか?

……。

うーん

しかたがない。
先生は,ここにおいて
先に荷物を置きに
行ってくるか。

待ってたら
いつになる
かわかり
ませんから。

エラトステネスはサライアスや
リュネのことも忘れて
書物を読みふけった。

その表情は興奮と
喜びに満ちていた。
まるで水を得た魚
のように……。

ムセイオン
こそが
私の求めていた
場所に違いない!

フィップユートピア

地球を測ったひとびと ②

エラトステネス,図書館長になる

◉構成・画=湯浅裕行　◉監修=檀原毅・土屋淳

アレクサンドリアについて,しばらくしたある日,エラトステネスはプトレマイオス3世と謁見することになった。

プトレマイオス3世——
当時のアレクサンドリアはもちろん,エジプト全土を支配していたプトレマイオス王朝の王である。

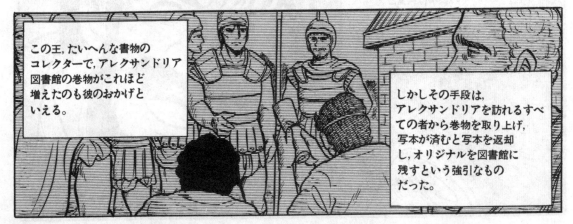

この王,たいへんな書物のコレクターで,アレクサンドリア図書館の巻物がこれほど増えたのも彼のおかげといえる。

しかしその手段は,アレクサンドリアを訪れるすべての者から巻物を取り上げ,写本が済むと写本を返却し,オリジナルを図書館に残すという強引なものだった。

エラトステネス

そちの
専門分野
は何じゃ？

はい，
そうおたずねになられても
返答に困りますが
あえて言うなら，
学問全般ということ
になりましょうか………

何!?

学問全般
じゃと？

ふん
ベータのやつめ

自ら
二流であることを
陛下に申すとは
馬鹿なやつだ。

"ベータ"とはエラトステネスの同僚
の学者たちが彼につけた
あだ名で，その意味は，
ギリシャ語のアルファベットのα（アルファ）の
次の2番目の文字β（ベータ），すなわち，何を
やっても2番目ということで
ある。

研究分野の専門化が進んで
いたこの時代，エラトステネス
のように多分野にわたる
研究をする者は非常に少な
かった。

そのため，そのような学者は，
ひとつのものを極めることの
できない二流の学者として
あざけりの対象になっていた
のである。

学者というものは，
専門分野をもつもの。
なぜそちは，そのように
せぬのじゃ。

私は欲が深い
せいでありましょうか，
何でも知りたい
と思うのです。

そして，できれば
その知識を生かし
新しい学問の分野
を確立できない
かと……

この男, いい目を
しておる。
真実を見抜く賢者の
目だ。

プトレマイオス3世
は独自の考えを
もつエラトステネス
に大変興味を
もった。

きっと偉大な
学者となるに
違いない。

そちなら
できるやも
しれん

大いに
研究に励む
がよいぞ！

はい。

ありがとう
ございます！

あれは
リュネの
ようだが。

ええ

何か言い
争っている
ようですね。

サライアス

はい！

地球は
丸いんだってば！

違うわ
地球は平らなの
よっ！

あの有名な「オデュッセイア」や「イリアス」などの大叙事詩を書いたホメロスも地球の姿を想像し、詩の中でこう語った。

「世界の大地の周囲はオケアノスと呼ばれる大洋に囲まれ，また，天空が平たい大地の上を鉄の鐘のように覆っている」……と。

その話，おばあちゃんから聞いたことがあるわ。

へぇー。

ティナは，この話から地球が平たいと考えていたんだね。

しかし，そのうち，これまで，考えられていたような平らな地球像とは違い，

地球は球形であると考える哲学者が出てきたんだ。

ピュタゴラスとアリストテレスだ。

ピュタゴラス
B.C.485～B.C.415ごろ。
ソフィストの代表。
ピュタゴラスの定理
（三平方の定理）は有名。

アリストテレス
B.C.384～B.C.322ごろ。
ギリシャの大哲学者で学問の父といわれている。
アレキサンダー大王の家庭教師をしたこともある。

ピュタゴラスは
"球こそは完璧な形である"
という理由から, 太陽や月
と同じように, 地球もまた
球であると結論づけた。

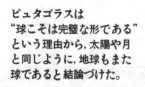

しかしこれは,
審美的な理由
からでしかないので,

今までの平らな地球
説と同じように科学的
根拠のないものなんだ。

ピュタゴラスは
最初に球体だ
と断言したものの
それを証明でき
ていなかったん
ですね。

うむ。
そして, それを
証明したのが
アリストテレス
だったんだ。

アリストテレスは地球球体説を
3つの方法で証明している。

ひとつは, 月食のときの月面に
映る地球の影が常に円で
あるということ。

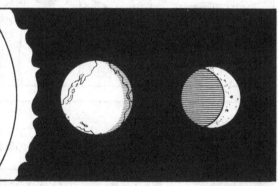

そして, ふたつ目は,
地球上を南または北へ
移動すると, それにつれて
前方の水平線上から
新しい星が現れ,

背後の地平線上には
ほかの星が消えていく。
つまり, 空は地上の緯度
が変わるといくらか違って
見えるということ。

17

３つ目は，船が水平線の
かなたから，海岸に接近してくるとき，
まず，帆柱や帆が見えて，それから
船体が現れること。

地球が平らならば，船は点から
だんだん大きくなり，姿を現すはず
だからね。

・地球が平面ならば

・地球が球面ならば
（実際の現れ方と一致する）

どうだい，
この３つの理由を
聞けば，地球は球形
であるということが
納得できるのでは
ないかな？

ええ……，
まだピンときて
いないけど，
反対できる意見
が思いつかないわ。

ホント，アリストテレス
の論理を
聞くかぎり，納得
せざるをえない
よね。

ウレ
うん

科学とはそうした
ものなのだ。

誰もが納得
できるような
証明ができて
こそ，初めて
その意見が正しい
といえる。

なるほど

アリストテレスはエラトステネス
の最も尊敬する学者であった。

エラトステネスが多くの分野の
学問を研究するのは，同様に
多分野に才能を示した
アリストテレスの影響を受け
たものかもしれない。

さすが
先生は
物知りだよね。

あたりまえだ

数カ月後,
エラトステネスに
プトレマイオス3世から
書状が届いた。

先生, 何か
悪いことでも
したんですか…

何を言うか！
私は何もして
おらんぞ！

おおっ！

これは
……

先生,
いったい
何を！

陛下が,
私にアレクサンドリア
図書館の館長に
なるようとの仰せなのだ！

ええっ！

すごいじゃ
ありませんか！

学者にとって
これ以上の名誉
はありませんよ！

アレクサンドリア図書館長——
ヘレニズム世界の学者が
最も望んだ地位である。

プトレマイオス3世は,エラトステネス
の多分野にわたる才能を見込み
この重役を命じたのであった。

私を抜きされた
陛下の期待にこたえる
ために図書館長を
立派に務めて
みせるぞ！

19

マップユートピア

地球を測ったひとびと ③

シェネの井戸

◉構成・画＝湯浅裕行 ◉監修＝檀原毅・土屋淳

アレクサンドリア図書館長となった
エラトステネスは，自分の研究をする
かたわら図書館の管理をするという
多忙な毎日を過ごしていた。

え〜

これは数学の
分野……と

こんなに
いっぱいあると
キリがない
ですねぇ

うむ

しかし
私はこんなに
たくさんの書物に
囲まれていると

楽しくてしかた
がないよ

まったく、
先生は本当に
書物が好き
なんだなぁ

本来なら館長が
こんな書物の整理や
チェックをしなくても
いいのにまっ先に
するんだから……

う〜ん
最新の書物を
読めるのは
館長の特権
だなぁ。

にた〜っ

そういえば

最近シェネから
来たという旅人
に聞いたのです
が

シェネには
とても不思議
な井戸が
あるそうですよ

ほう

その井戸は
とても
深い井戸で

のぞきこんでも
水面が見え
ないのですが

一年にたった
一度6月21日の
正午にだけ

太陽の光が直接差し込み
水面が輝くということな
んです

一年に一度だけ水面が見える井戸か……

へぇ〜不思議だなぁ

そんなことがあるのかしら？

シェネ……

6月21日の正午……か

先生

もしかしてこの不思議な現象を解明されるつもりですか

いや

私にはもうだいたいのところはわかっておる

ええっ！

本当ですか！

科学的に状況を分析すれば十分説明できることだ

リュネ　6月21日は
どんな日か
わかるかね？

6月21日？

6月21日は
何か特別な日
なんですか

？

夏至だよ　一年で最も昼間の
長い日だ

夏至？

なんだ，夏至も
知らないのかい？

それにシェネは
アレクサンドリアから
ずっと南に行ったところ
にあるんだ。

地中海

カザ

シリア

アレクサンドリア

メンフィス

エジプト

テーベ

紅海

シェネ ●

私が思うに
シェネは回帰線の
北限のちょうど
真下にあるので
あろう！

はい

このエラトステネスの
仮説はそれ以前の
天文学者の観測に
基づいていた

当時の天文学者が
太陽について
彼らなりの観点から
理解したことは

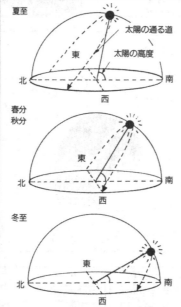

太陽は毎日，地球の
まわりをまわっている
だけでなく，365日を
周期として

ある季節には天空の
高いところを，別の
季節には天空の低い
ところを動いている
ということである

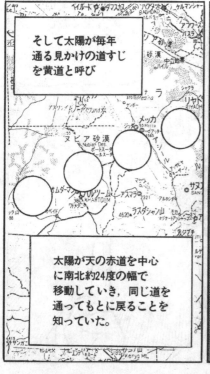

そして太陽が毎年
通る見かけの道すじ
を黄道と呼び

太陽が天の赤道を中心
に南北約24度の幅で
移動していき，同じ道を
通ってもとに戻ることを
知っていた。

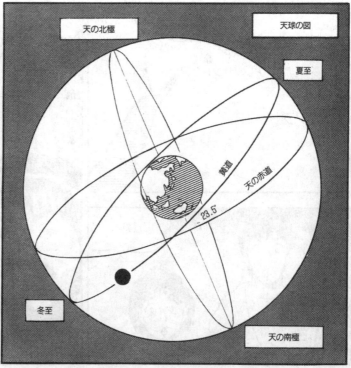

また，その太陽と天の赤道
とがつくる最大の角度の
限界に線をひき，それを
回帰線と呼んだ

回帰線

いけない！

太陽は
戻りなさい！

その線までくると
太陽は止まって
引き返すように
見えたからである

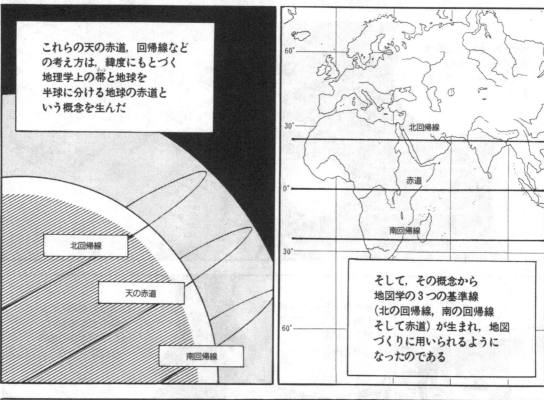

これらの天の赤道，回帰線など
の考え方は，緯度にもとづく
地理学上の帯と地球を
半球に分ける地球の赤道と
いう概念を生んだ

北回帰線

天の赤道

南回帰線

北回帰線

赤道

南回帰線

そして，その概念から
地図学の３つの基準線
（北の回帰線，南の回帰線
そして赤道）が生まれ，地図
づくりに用いられるように
なったのである

私はシェネの井戸とは
少し違うが
年に２度，影が
なくなるという街の
話を聞いたことがある

えっ

街の影
が！

25

街中から影が消える
理由は簡単

太陽がその街の
ちょうど真上の一番
高いところにのぼった
からなんだ

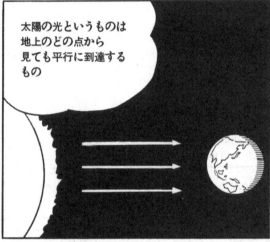

太陽の光というものは
地上のどの点から
見ても平行に到達する
もの

つまり，その街に
垂直に太陽の光が
当たるため

街から影が
消えてしまった
というわけだ

なるほど

おそらくシェネの井戸
も同じような状況で
起きる現象
なのであろう

回帰線の北限のため
太陽の光が垂直に
当たるのが夏至の日
一日だけとなり

そのとき
深い井戸に垂直に
光が差し込んだ
のだ

じゃあ，われわれのように回帰線より北にいる者にはお目にかかれないというだけのことなんですね

そういうことだ

まぁ，これも考えてみれば

地球が，球形であるという証拠じゃないか

地球が平板ならシェネに起きることはアレクサンドリアにも起きるはずですからね

地球が球形だからこそ，太陽の光は地球上の異った地点では異った角度で当たるわけ……

！

そうだ！

このことを利用すれば，もしかすると……

エラトステネスはこのときすばらしいアイディアがせん光のようにひらめいた。そのアイデアとは……

マップユートピア

地球を測ったひとびと ④

地球の円周

●構成・画＝湯浅裕行●監修＝檀原毅・土屋淳

間違いない これなら いけるぞ！

どーしたの？

さぁ

せ，先生 いったい 何を思い つかれたのですか？

私が 最も知り たかったこと のひとつ

地球の 大きさを知る 方法だよ！

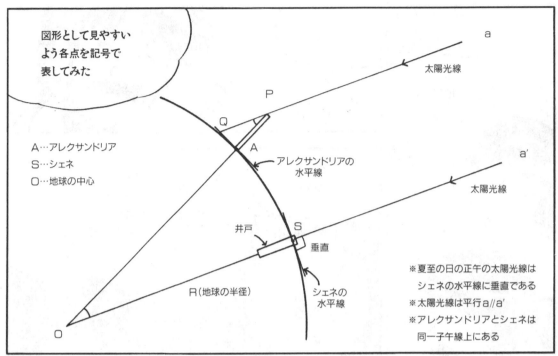

図形として見やすいよう各点を記号で表してみた

太陽光線 a

P
Q
A

アレクサンドリアの水平線

井戸
S 垂直

R(地球の半径)

シェネの水平線

太陽光線 a'

A…アレクサンドリア
S…シェネ
O…地球の中心

O

※夏至の日の正午の太陽光線はシェネの水平線に垂直である
※太陽光線は平行a∥a'
※アレクサンドリアとシェネは同一子午線上にある

ポイントはアレクサンドリアの地面に垂直に棒を立てたと考えたことだ

P
太陽光線
棒
Q
影
A

これは地球と夏至の日の正午の太陽光線

そしてアレクサンドリアとシェネの関係を表したものですね

うむ

とりあえず頭を整理するために図形として考えてほしい

サライアス

仮に弧ASの弧長がわかっているとしてこの円の円周を知るにはどのような条件が必要だね?

初等幾何学の問題ですね

簡単です

円周の長さ：弧ASの長さ
＝全円の角度（360°）：∠AOSの角度
という関係から
円周の長さを求めるには
∠AOSの角度がわかれば
いいんですよ

うーっ
幾何学は
苦手なんだよなぁ

え〜と…
∠AOSは…

そう

つまり
弧ASの
何倍が円周
なのか
わかれば
よいのだ

さて,もうひとつ
この図形の上で
説明しておく
ことがある

それは
錯角について
だ

錯角

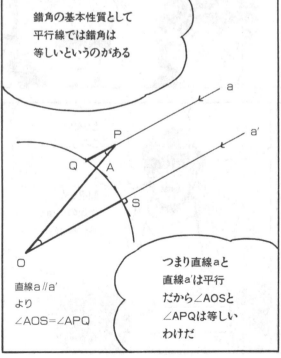

錯角の基本性質として
平行線では錯角は
等しいというのがある

a

a'

P

Q　A

S

O

直線a∥a'
より
∠AOS＝∠APQ

つまり直線aと
直線a'は平行
だから∠AOSと
∠APQは等しい
わけだ

先生！

地球の大きさと
測る方法が
見えてきましたよ

∠AOSの角度を
知るには∠APQ
の角度を知れば
よい……

ということは
………

31

図形を地球に
おきかえたとき
∠APQとは

アレクサンドリア
における夏至の日
の正午の太陽の
天頂に対する
角度であり

その角度と弧AS
すなわちアレクサンドリアと
シェネの距離が
わかれば……

あっ!

地球の円周が
わかる!

アレクサンドリア
に棒を立てる
理由がやっと
わかった

太陽の角度を
知ることが
地球の大きさを
知るための
必要条件
だったから
なんですね!

うむ

どうだい
この方法なら

間違いなく
地球の円周が
測れるだろう

人類史上
初めて……

すべては
来年の夏至の日！

その日
われわれは
人類史上初めて
地球の大きさを
知るのだ

私たちが
………

地球の
大きさを知る
………

すごいわ！

よーし

来年の夏至の日
に向けて
準備開始だ！

はい！

うん！

33

エラトステネスたちは夏至の日の地球計測の実験とその結果を楽しみに着々と準備を整えていった

まず知る必要があったのは

アレクサンドリアとシェネの距離がどれだけあるのかということだった

もちろん，この時代正確に距離を測る手段がなかったので，

歩いて何日かかるかが，距離の目安になっていた

そこでエラトステネスはアレクサンドリアとシェネを行き来するラクダの隊商を訪ねることにした

はいぜひ教えていただきたい！

えっ

シェネからアレクサンドリアまでかい？

そうだな50日ほどかかったかな

ああ

ラクダは普通1日に100スタディア歩く

ということはシェネからアレクサンドリアまで5000スタディアか……

ありがとう
助かったよ

アレクサンドリアとシェネの距離は5000スタディア。つまり800kmであることがわかった

次に考えなければならなかったことはどこで, 太陽の角度を観測するかであった

水平線に垂直な棒………

柱を立てる必要があるな

先生
それならピッタリなものがありますよ

あれです!

なるほどノーモンか!

それはいい!

ノーモンと呼ばれていた垂直の円柱は南北にのびる水平な台座の上に立っていた

夏至の日, この場所ではじめて地球はその大ききを現すことになる

35

マップユートピア

地球を測ったひとびと ⑤

測地学の父——エラトステネス

●構成・画＝湯浅裕行 ●監修＝檀原毅・土屋淳

翌年の夏至の日——

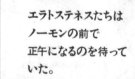

エラトステネスたちは
ノーモンの前で
正午になるのを待って
いた。

はりつめた時間
が刻々と過ぎ……

もう
少し！

もう少しで
正午だ

エラトステネスは
あらかじめノーモンの
高さを調べておき

ノーモンの高さと
影の長さから
太陽の天頂に
対する角度を算出
した

7.12度

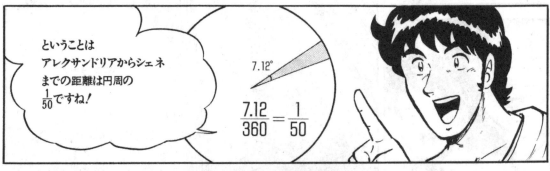

ということは
アレクサンドリアからシェネ
までの距離は円周の
$\frac{1}{50}$ですね!

$7.12°$

$$\frac{7.12}{360} = \frac{1}{50}$$

つまり地球の円周は
5,000スタディアの50倍

250,000
スタディアだ!

ついに, エラトステネスは地球の円周を知ることができた

先生
おめでとう
ございます

ありがとう

これは人類史上初めて行われた地球規模の測量であった

しかし

実際には, この250,000スタディアという計測値は正確ではない

現在, 知られている地球の円周は40,000km強だが

それに比べると, 250,000スタディア(44,500km)というのは11%過大なのである

250,000
スタディア
= 44,500 km

11%
も大きい

40,000 km

その原因は大きく分けて3つある

えっ

3つも?

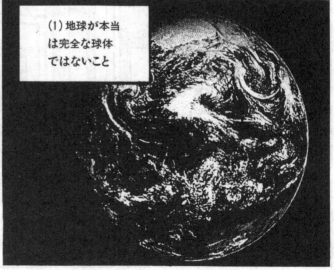

(1) 地球が本当は完全な球体ではないこと

（2）シェネは北回帰線上になく，また，シェネとアレクサンドリアは同一子午線上にないこと

すいません

（3）ラクダの隊商の言葉から推測された距離がまったく不正確なこと

しかしこれらの誤差要因がありながら，計測値が実際より11％だけ過大ですんだということは

むしろエラトステネスにとって幸運だったのである

そのうえ，現代の測量器具の恩恵もこうむらずに計算したということを考えれば

この数字は驚くほど正確だと言えるのではないだろうか

数日後，この実験の結果はプトレマイオス3世の耳に入れられた

なにっ！

エラトステネスか
この地球の
円周を測った
というのか！

はっ！

すばらしい!!

ベータの
やつが
そんな……

わたしの
目に狂いは
なかった

エラトステネス
こそ天才！

"ベータ"では
なく
"アルファ"だ！

鋭いひらめきによる
この観測実験は
確かに第1級
の仕事であり

"ベータ"でなく
"アルファ"の仕事
であった

うん？

プトレマイオス3世は初めて
会ったときから，エラトステネス
の才能を見抜いていた

そして本当の"ベータ"(2流)は
誰なのか知っていたの
である

本当の"ベータ"
はおのれで
あることに
気付いたか
………

こそ
こそ

ははは

また, エラトステネスの
地球の円周の測定法
は未来の地図製作者
たちに, ある事実を
教えた

それは「まず天を仰が
なければ, 地球上の
自分たちの位置を知る
ことができない」と
いうことである

何世紀ものあいだ,
地図学の進歩は天文学
の進歩と軌をひとつに
していたのである

さらに, エラトステネスは
この仕事によって
地球測定の科学

測地学——の父と
して位置づけられる
ようになったので
あった

その後,
エラトステネスは
地理学に関する
最初の科学的著作
である「地理学」※
の著述

※
第1巻は物理地理学
第2巻は数理地理学
第3巻は諸国地誌学
について書かれている

42

世界地図の作成

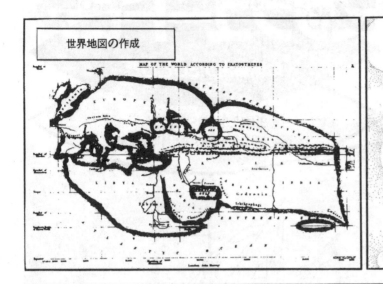

そのほか, 天文学, 数学などでさまざまな業績をあげている

エラトステネスは「人間のもつ測量」能力を発揮し, 生涯の研究を通じて, 地球の大きさと形について信じられないほど正確な知識を得ることができた

しかし, 紀元前194年彼が80才でこの世を去ったとき,

自分の計測した地球をおおっている陸地と海の大きさについてはほとんど知らなかったのだった

マップユートピア

地球を測ったひとびと 6

出航！サンタ・マリア号

◉構成・画=湯浅裕行◉監修=檀原毅・土屋淳

1492年——
スペイン　パロス港

誰か
いないか！

本気で
言ってんのか？

この私と
西の海を越えて
アジアへ行く
勇気のある者は！

どいつも
こいつも
迷信に
まどわされ
やがって!!

くそっ!

クリストファー・
コロンブス

どうだ
私と一緒に
行かないか!

と……
とんでも
ねぇ!!

ふん

遅れた
奴らめ!

人々がコロンブスの
誘いを断るのは
当然であった。

中世ヨーロッパは,長い間
ゆがんだ宗教観によって
科学的研究を否定し,
一千年におよぶ知的停滞
をしていた。

その結果,人々は"地球は平ら"
で"外の世界"には怪物が
存在し,海の果てには悪魔が
いるのだと信じて疑わなかった
のである。

しかし，中世後期に
なると，徐々にそうした
迷信を打破する
科学的な目を持った
人々が現れるように
なった。

ポルトガルのエンリケ
航海王子がそのひとり
である。

エンリケ航海王子

エンリケは海上発見
を初めて組織的
に進めた人物で
あり，

結果的にはエンリケの
インド航路発見の試みは
失敗したのだが

そのかわりに
「海が沸騰し怪物が
現れる」と信じられていた
西アフリカのボハドル岬を
実際に越え
それが迷信であることを
証明したのであった。

また，アフリカの西岸
を南下し，新しい
インド航路の発見
に努めた人物でもある。

このことは，迷信におびえ
未知の世界を知ろうと
しなかった人々の意識を
少しずつ変えた。

そのほか，エンリケは世界中の国々から地図や航海術の書物を集めたり，さまざまな学者を呼ぶなどして

船体や帆走装備の技術の開発，製図法の考案など航海技術の発展に寄与した。

なかでもエンリケたちが造り出した改良型カラヴェル船はそれまでの船と違い大洋航海に適し

順風のときは速力が増しどのような逆風に対しても帆だけで船を進めることのできる優れたものだった

この新型船の出現は大航海を可能にしさらに，大航海時代を押しすすめる原動力となったのである

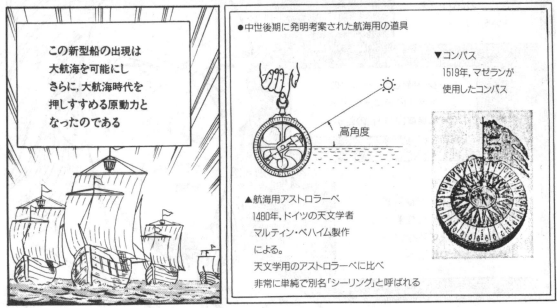

●中世後期に発明考案された航海用の道具

高角度

▼コンパス
1519年，マゼランが使用したコンパス

▲航海用アストロラーベ
1480年，ドイツの天文学者マルティン・ベハイム製作による。
天文学用のアストロラーベに比べ非常に単純で別名「シーリング」と呼ばれる

その大航海時代に冒険者たちの支えとなり「バイブル」ともよべる一冊の本があった。

マルコ・ポーロの『東方見聞録』である。

マルコ・ポーロ

『東方見聞録』に書かれている大汗の国カタイ, 黄金の国ジパングの話は冒険者たちをおおいに魅了した

前出のエンリケ航海王子もこの書物に魅せられたひとりでありまたコロンブスも, 子供のころに『東方見聞録』を読み, その未知の世界にあこがれたのであった。

さて, このコロンブスという人物

少年時代は, ジェノバの大商人の船に乗り, 航海に従事していたのだが

一介の船乗りで終わらず, その後航海術を学び, 天文学, 地理学, さらに海図の製作まで習得するという努力家であった。

航海の経験を持ち

彼はまさに
大航海時代の
申し子であった。

計画的に航海するための
技術と知識を兼ね
備えたコロンブス

そして彼の才能と
経歴はある計画
を生むことになる。

大西洋を西に進み
アジアに到達しよう
という

「西航計画」
である。

コロンブスはこの
計画に絶対の
自信を持っていた。

熱読したピエール・ダイイ
の『世界の叙述』に書かれ
ていた地球球体説

『東方見聞録』
という著述の存在

また, アリストテレスや
ロジャー・ベーコンが
ヨーロッパの西端と
アジアの東端が遠くは
ないと推測していること。

これらから総合的に
判断すると,
ヨーロッパからアジアまで
西回りで到達するのは
比較的容易と考えられた
からである。

西回りの航海は
誰も行わないだけ
で,実は簡単な
ことなのだ!

コロンブスはそう
結論し,この計画を
各国の王に売り込んだ。

その結果,ポルトガル,
イギリスの王には理解
を得られなかったが

スペインの女王,
イザベラだけはこの計画
に興味を覚え

面白いこと
を考える
ものだ

コロンブスが計画を持ち
込んでから8年後の
1492年

やった!
イザベラ女王の
許しが出たぞ!

イザベラ女王の援助に
より「西航計画」が実現
することになる。

残る問題は
航海に参加してくれる
乗組員を集めること
だった

何としても
乗組員を
集めねば
……

思うように集まらぬ様子を見かね，イザベラ女王は，多くの囚人を乗組員として連れて行かせることを決めた

囚人を乗組員とするのは少々乱暴ではあったが，長い航海にはこの手の人物たちは向いているようであった

危ない奴らだが猛者ぞろいで頼もしいくらいだ

1492年8月3日——かくして，コロンブスはサンタマリア号に乗り込みパロス港をあとにする

アジアに向け出港!!

必ずやアジアにたどり着いてみせるぞ!

シップユートピア

地球を測ったひとびと ⑦

アンティリア島がない!!

◉構成・画=湯浅裕行 ◉監修=檀原毅・土屋淳

パロス港から旅立った
コロンブスたちは,まず進路を
南へとり,カナリア諸島に向かった。

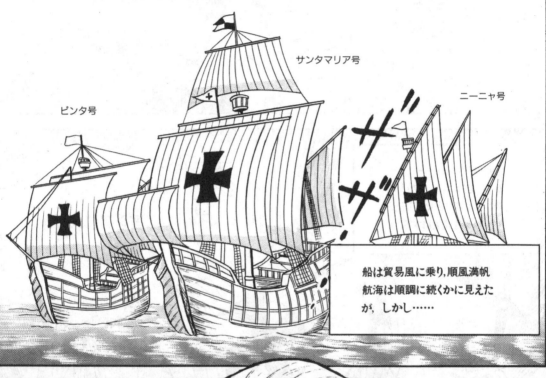

ピンタ号

サンタマリア号

ニーニャ号

船は貿易風に乗り,順風満帆
航海は順調に続くかに見えた
が,しかし……

ピンタ号の舵が何者かに
こわされ,航海不能に
なってしまったのである。

航海は
まだ始まった
ばかりだと
いうのに
……

そのため,ピンタ号の修理に
1カ月あまりの時間を要し,
カナリア諸島のゴメラ島を
出たのは9月6日のこと
だった。

遅れを取り戻すために
コロンブスは全速力で
船を進め

次の寄港地となる
アンティリア島を
目指した。

しかし,コロンブスは
またしても思わぬ事態に
陥ってしまうのである。

なにっ!

アンティリア島が
見あたらない
だと!?

はい。

ピンタ号やニーニャ号と
手分けして
探しているのです
が……

そんなはず
はない!

トスカネリ殿に
いただいた
地図によれば

アゾレス諸島の西
北緯28度あたりに
アンティリア島が
記されているのだ。

は
はい……

トスカネリ殿の地図はどの地図よりも正確なのだ!

1481年——

ラビダ修道院

まだ,コロンブスが西航計画を思いついたばかりのころ。

えっ

私と同じ考えをもつ人物がいるのですか?

うむ

フェリペ神父

これはその男が数年前にポルトガル王に送った手紙の写しじゃ。

パオロ・ダル・ポッツォ・トスカネリといってフィレンツェで医師をやっているそうじゃ。

ほうお医者様ですか?

拝見します。

しかし,ただの医者ではないぞ。

数学者でもあり,宇宙地誌学者でもある。

おぬしと同じ変わり種じゃ

なるほど

変わり者同士似たことを考えるわけだ。

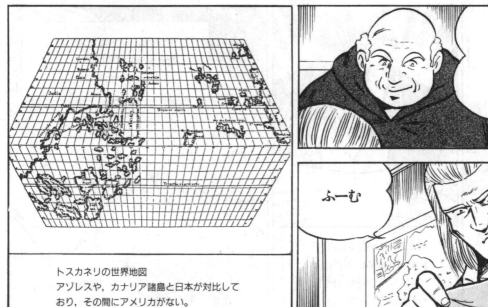

トスカネリの世界地図
アゾレスや,カナリア諸島と日本が対比しており,その間にアメリカがない。

どうじゃその手紙を読んでみて?

ふーむ

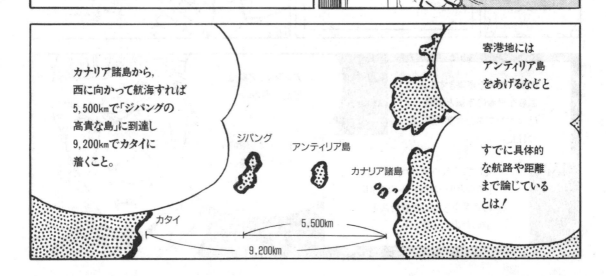

カナリア諸島から,西に向かって航海すれば5,500kmで「ジパングの高貴な島」に到達し9,200kmでカタイに着くこと。

寄港地にはアンティリア島をあげるなどと

すでに具体的な航路や距離まで論じているとは!

ジパング

アンティリア島

カナリア諸島

カタイ

5,500km

9,200km

55

素晴らしい！

ぜひ,トスカネリ殿に私の西航計画についてご意見を賜りたいものだ。

コロンブスは,すぐさまトスカネリに手紙を書き意見や情報を求めた。

数カ月後

おおっ

トスカネリ殿からの返事が来たぞ！

コロンブスが待ちに待ったトスカネリからの返書には,インドへ行こうという試みへの絶大なる賛辞とともに,

太洋の広さについて自らの考えを表した地図が同封されていたのである。

ありがたい

私のために大切な地図までも……

自分の理論を裏書きする高名な学者の手紙と地図は,コロンブスを大変勇気づけた。

そして,それ以来コロンブスはトスカネリを尊敬し,トスカネリの意見をもとに,西航計画を進めたのだった。

アンティリア島は絶対にある。

トスカネリ殿の地図に間違いなどあるものか……

しかし——
次の日も

アンティリア島は依然
見つからないままで
あった。

いったい
アンティリア島は
どこへ行ってしまった
んだぁ!

次の日も

アンティリア島が見つから
ないとそこで予定していた
補給ができない
ことになる。

ならば,
早めに決断し
先を急いだ
ほうが良いのか?

アンティリア島に寄る
のはやめだ!

西航を
続ける!!

しかた
ない!

アンティリア島――

ググッ

実はこの島は存在
しないのである!!

アンティリア島は15世紀初期
の地図製作者が作った
架空の島であった。

中世の地図はマッパムンディと
呼ばれる,宗教色の強い
かなりゆがめられたものが
中心となっていた。

ポイティンガー図

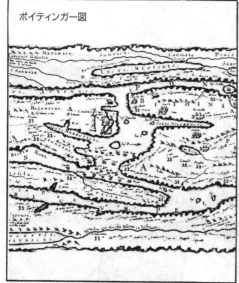

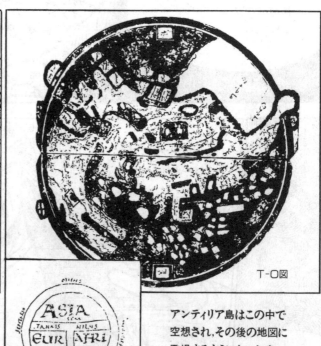

T-O図

地図というよりも,聖書の絵解き
であり,現実というより象徴と
いえるだろう。

※ポイティンガー図……各国の形や大きさは
　現実とはほど遠いが,交通路と距離は正確
　で,中世の旅人に役立った。

アンティリア島はこの中で
空想され,その後の地図に
登場するようになった島
だったのである。

58

コロンブスやトスカネリが
アンティリア島の存在を疑
わなかったのはしかたの
ないことだった。

当時の地図のほとんどに
その島は描かれ,その時代
のすべての人が存在を信じて
いたのだから。

コロンブスが
アンティリア島に執着
せず先に進むこと
を決断したのは
賢明といえよう。

しかし

しまった

このことは十分
警戒していた
のに!

!!

航海が遅れたために,乗り組員
たちは疲れと不安から
コロンブスに不信感をいだき,
今にも爆発しそうになっていた
のだった。

あんたの言うとおりに
ここまで進んで
きたが

インドどころか
寄るはずの
アンティリア島さえ
見つからねえ
ありさまだ

このまま
西へ向かったところ
でインドへ
着けるとは思えねえ

ここらで
引き返すこと
にしねえか？

そうじゃ，

今のうちに
引き返さねえと
とんでもねえ
ことになるぞ

なにっ！

地球が丸い
などと
えらぶった学者の
迷い言に
惑わされよって
……

この船は
海の果てに
向かって
おるんじゃぞ

海の果てに
行きついたら
最後

わしらは
そこにすむ怪物に
船もろとも
食われちまう
……

いやだ

オレは
怪物に食われ
たかねえ！

提督，
頼みます
引き返して
ください！

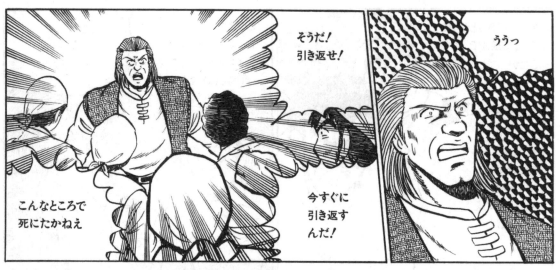

そうだ！
引き返せ！

うう

こんなところで
死にたかねえ

今すぐに
引き返す
んだ！

この勢いでは
私の命をも奪い
かねんぞ

コロンブスは
絶対絶命の危機
に陥った

しかし
そのとき——

ああっ

おおっ!!

みんな
あれを
見ろ！

なんだ？

どうした
こんなとき
に……

ほ、ほら
あれ！

草だ！

ええっ

陸地が近い
証拠だ!

われわれは
陸地に
近づいて
いるんだ!

おまえたちが
心配するような
海の果てじゃ
ない!

それが
インドか
どうかなんて
わからねえぞ

だ,
だけど

そりゃ
そうだ

そう

インドでは
ないかもしれん

ただの
小島かも……

しかし, そこには
われわれの知らない
新世界が
広がっているかも
しれんでは
ないか!

また, コロンブスはついに大陸に近づいたと考え

ピンタ号, ニーニャ号の各船長と現在地について話し合い, 進路について検討することにした

ニーニャ号船長
ビセンテ

ピンタ号船長
アロンソ

頼りになるのはトスカネリの地図と, ポルトラノ地図, そして出港してから記録してきた進んだ距離と方向の記録だけだった

提督
私の計算ではスペインからすでに5,000kmは離れた様子

そろそろジパングに近いかと……

ジパングは小さな島らしい。確実な位置がわからぬため行き過ぎるかもしれぬ

しっかり監視してくれ!

はっ

ポルトラノ地図
13世紀後半, 羅針盤航海の必要に応じて作成された。
製作者は各地の船乗りたちで, 特色としては, 図中に磁石の方位を示すコンパスがたくさん描かれていること, 地図を覆って磁石方位線が無数に引かれていること, 経緯線の記入はないこと, などがある。

さて, ここでコロンブスの
航海術について, 考察して
みよう。

コロンブスの推測航法は
きわめて正確であったと
伝えられている。

●推測航法……測定器による航走距離と, 羅針儀による針路とに
　よって, 推測位置を決めて, 航海する方法。

当時は現代と違い帆船のため,
目標にできる限り速く到達しよう
としても, 多くの場合, 優勢な
風を得るために, ジグザグコースを
とらなければならない。

そのため, 推測位置, つまり
船の到達点の位置を決める
には, 帆走した折れ線の線分
をつなぎあわせなければ
ならないのである。

こうした複雑なコースをたどり,
最短距離, 最短時間で到達
するのは至難の技といえよう。

コロンブスはそれを
やってのけた。

しかし，そんなコロンブスの計算も，実は大きく違ってしまっていた。

その原因は3つある。

ひとつはポルトガルのサン・ヴィセンテ岬から，アジア東部に至るユーラシア大陸の長さを引き伸ばして考えていたため，すでに誇張されているプトレマイオスの経度177度を283度と拡大してしまったこと。

コロンブス

プトレマイオス

ふたつ目は，経度1度の長さを小さく見積もってしまったこと。

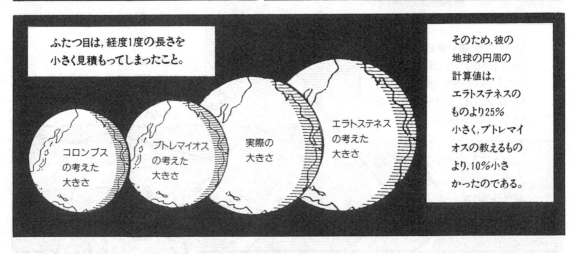

コロンブスの考えた大きさ

プトレマイオスの考えた大きさ

実際の大きさ

エラトステネスの考えた大きさ

そのため，彼の地球の円周の計算値は，エラトステネスのものより25%小さく，プトレマイオスの教えるものより，10%小さかったのである。

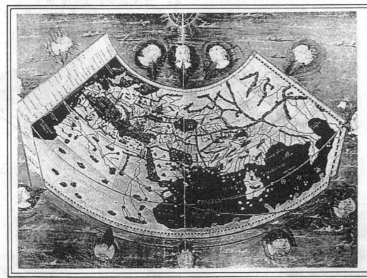

◀プトレマイオスの世界図

プトレマイオス

プトレマイオスは2世紀ごろ，アレクサンドリアにおいて活躍した天文学者であり，地理学者である。彼の著した「地理学」「アルマゲスト」は15世紀初頭に，イスラム世界から輸入され，ラテン語に翻訳された。その写本は同世紀後半には広く印刷，流布され，中世の学者たちにより認められ復活した。プトレマイオスと時代の離れたコロンブスが強く影響をうけたのはこうした経緯があったためである。「アルマゲスト」は，ギリシア天文学の集大成ともいうべきもので，精密な天動説の紹介や当時知られていた5個の惑星や太陽，月

そして3つ目，赤道において経度1度は14レグア（約83km）であると考え，コロンブスが計画した航路，緯度28度では12レグア（約74km）だと判断したこと。

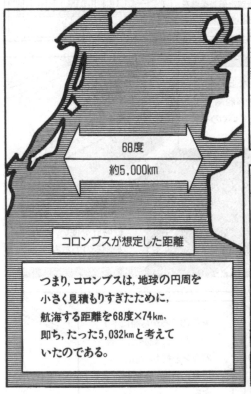

68度
約5,000km

コロンブスが想定した距離

つまり，コロンブスは，地球の円周を小さく見積もりすぎたために，航海する距離を68度×74km，即ち，たった5,032kmと考えていたのである。

コロンブスは航海する技術において，素晴らしい才能を発揮したが，さすがのコロンブスも，世界の広さをはかり知ることができなかった。

進歩的な考えを持ち，大胆な航海に臨んだ彼も，実は中世的な偏見の呪縛から解放されていなかったのかもしれない。

などの観測も行っている。コペルニクスやケプラーなどによって，近代天文学が樹立されるまでは，天文学において唯一の権威あるものとされた。
また，「地理学」は，地球の測定に関する数理的課題や，地図作成の方法について述べた著述である。たとえば，彼は地球上の諸地点の位置を描くため，地球の同周と5度間隔に等分した経緯線網を設定している。また球体である地球を平面である地図に描出する方法として，球面に外接する円錐面に経緯線網を投影する円錐図法（トレミー図法）を考案している。
しかし，プトレマイオスは地球の円周として，エラトステネスの値を用いず，ポセイドニオスが測定した18万スタディアという20％も過小な地球を想定していた。そのため，プトレマイオスの世界図では陸地の形状は東西方向に長くなってしまっている。

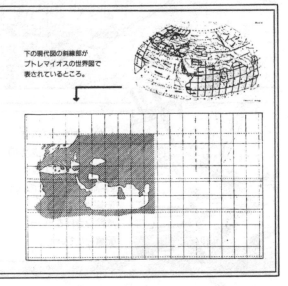

下の現代図の斜線部がプトレマイオスの世界図で表されているところ。

彼は船の速力判定と風圧差（風波によって横に流される量）の判定に特に気をつけていた。

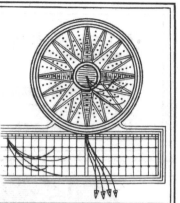

●トラヴァース・ボード

大洋航海では，天体以外に船の位置を確かめる目標となるものは何もない。そのため，最初確認できた地点から出発して，どの方向へどのくらいの距離を進んだか記録しておく必要がある。

航海当直者は30分ごとにトラヴァース・ボードに木釘を使って，針路と速力を記録し，4時間ごとの交替時にそれを平均した針路と航走距離を航海日誌に記入していた。

速力判定は，30分ごとに船首と船尾に人を配置し，

波の状態や，水上の泡などが船首から船尾のほうへ流れていくのを見させ，

砂時計を使い，速力を測るのである。

また，この航海は目標地点が特定できないため，自分が予期しないうちに陸岸に到着してしまう危険があった。

少年のころから船に乗りつちかった経験と，天性のカンを持ち，常に慎重に計画，計算をする。

しかし，コロンブスはそれに対しても，速力の起こりうる最大と最小の幅を考え，最大のほうを採用して計算し，危険をさけるという，配慮をしていた。

まさにコロンブスは航海の達人であった。

コロンブスが航海者として, 優秀であったことを示すエピソードがある。

第2次航海の時のこと。

おや
コンパスの
向きが……?

コロンブスはアゾレス沖100海里においてコンパスの指度が星と比べて変わったことに気づいた。

気のせいか……

船の位置が変わったために星が動いて見えたのだろう。

！

いや
違う!

何らかの原因でコンパスが真北を指し示していないのだ。

これは, 地磁気には偏差があるため, コンパスに, 船位の変化にしたがって変化する誤差が現れるのであった。

このことは当時まだ, わずかな人しか知らないことであった。

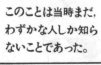
磁北極

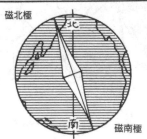
北
南
磁南極

磁針の指す北と地軸の北は少しずれる。日本では真北より少し西を指す。

コロンブスは教えられるわけでもなく, 自分でそれを発見し,

その点に考慮した精密な観測記録を行っていたのである。

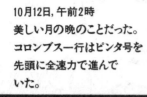

10月12日, 午前2時
美しい月の晩のことだった。
コロンブス一行はピンタ号を
先頭に全速力で進んで
いた。

ムッ

あれは

遠くに
島影が見える
ぞ!

急げ!

提督に
お知らせ
するんだ。

はいっ!

ピンタ号の船長アロンソは
コロンブスに島の発見を
伝えるため大砲を撃ち
ならした。

見つけたか!

この瞬間,この島は
スペインの領土と
なった。

サン・サルバドル島

当時,ヨーロッパ社会では,新しく
発見された土地や島は,最初に発見
した者が主君とあおぐ君主が領有
できるという慣例があった。

ずいぶん勝手な慣例
である。

そのヨーロッパ唯一主義が
その後の中南米諸国に
与えた被害は大きい。

コロンブスのこの宣言は,
先住民にとって災厄の
始まりでもあったのだ。

てっ
提督〜っ!!

インディオ
かっ!?

※コロンブスは,インドの一部に着いたと考えていたので
彼らをインディオと呼んだ

島の住民はコロンブスの期待に反して原始的な生活を営む未開人であった。

NANDA KANDAYO

金銭も鉄製品も知らず,ましてや貿易などできる相手ではなかった。

これがインディオなのかぁ?

なんだ?あいつら裸だぞ。

どういうことだ。ジパング,カタイ,インドの人間とは文明人ではなかったのか?

うっ

ヌッ

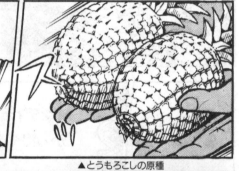

▲とうもろこしの原種

なにこれを私にくれるというのか?

ニコ

インディオは大変友好的で友情のしるしに贈り物をくれたのである。

彼らは全くの自然児であり, 無邪気で疑うことをまるで知らなかった。

KANGEI！

OJAMASHIMASU

自分の持っているものを分けることに何のためらいもなかったし,

頼んだことも何でも引き受けてくれた。

コロンブスはこれに対し, 安物の赤い帽子や, ガラス玉鈴などを贈って応えた。

インディオたちはそんな贈り物でも大変喜びますますコロンブスたちに尽くしてくれたのだ。

こうして, 表面上, インディオとコロンブスたちの関係は大変うまくいっていた。

インディオに会えたところで何になる！

アジアに到着した証拠を。

黄金か香辛料を持ち帰り航海の成功を証明せねば！

にこやかに見えたコロンブスは実は大変焦っていたのである。

しかし……

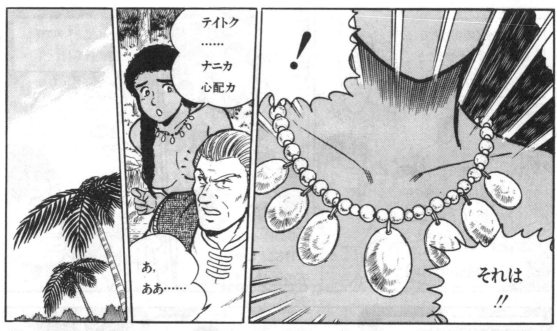

テイトク……ナニカ心配カ

あ,ああ……

！

それは
！！

エ？

そのペンダントを見せてくれ！

それは,まぎれもなく純金でできたペンダントであった。

すごいぞ純金だ……純金でできているぞ。

どこだ

これはどこにあった!?

ミ……南ノ大キナ島……

そうか！

よく教えてくれたぞ！

コロンブスは狂喜しさっそくその黄金がある,南の島へ向かった。

そこには1,000人から2,000人は
いると思われる大きな村
があった。

南の大きな島

コロンブスたちの航路

コロンブスはその村の首長
と友好関係を結ぶこと
に成功し,

黄金を手に入れた。そして
金鉱の情報なども得る
ことができたのだった。

うまくいったぞ。

お人好しの
インディオをまるめ
こむのは造作
もないことだ。

そうだ!

ここを
植民地に
したらどうだ。

従順でおとなしい,
インディオは
何でも言うことを
きく!

これほど労働
に適した者たち
はいないぞ!

コロンブスはこの最悪の事態を最良の方向に考えることにした。

うん。

そうだ
残る人間で植民地にするための準備をさせてみるか……

どうだ
この島に残って管理をしてくれる者はいないか?

あっ
オレ
残ります。

じゃ
オレも

あっしも!

意外にも多くの乗組員が，居残りを申し出た。

たぶん，少しでも多く黄金を手に入れるには残ったほうが有利と考えたからであろう。

コロンブスはすぐ迎えに来ることを約束し，帰航の準備を始めた。

▲コロンブスは残った乗組員にナビダー砦を建設させた。

そして，帰航

故国で待っているのは自分に対する称賛の声と栄光。コロンブスの胸は高鳴るばかりであった。

後は頼んだぞ!

コロンブスは手に入れた黄金や多くの航海の成功を証明する証拠の品をニーニャ号に載せ，故国を目指し出航した。

はい!

帰国したコロンブスは
すぐに宮廷に赴いた。

よくぞ
無事に
戻られた。

すべて
神のご加護の
おかげで
あります。

これは,このたびの
航海の成果で
あります。

謹んで陛下に
献上いたします。

そこでも
コロンブスは
大歓迎を受け
ひとびとの
注目の的であった。

これは
珍しい!

まさしく,
そなたが
アジアに着いた
証拠!

そなたの功績を
たたえ,大洋の提督の
称号とインド副国王の
地位を与えます。

ありがたき
幸せ!

コロンブスは切望していた
地位と名誉を獲得し，
喜びでいっぱいだった。

まだ大陸にたどり
着くこともジパングを
見つけることもできて
いないのだ。

アジア大陸に
到達するまで
何度でも
航海に出るぞ！

まだ
私には
やり残した
ことがある。

しかし，コロンブスの夢
は終わっていない。

そして，その年の9月25日
コロンブスは再び航海に
出ることになる。

大いに期待された
第2回航海は，

今回の航海は第1回航海の
成功の効果と植民地開発という
目的のため，17艘の
船と1,500人もの乗船員の
大船団となっていた。

意外にも

また，そうした焦りから植民者同士の争いが起こり，さらには原住民の反乱までが起こる始末であった。

どうすればいいんだ……

こんなことでは植民地開発が，いっこうに進まん！

もう，コロンブスにはついて行けん！

私は帰るぞ！

わしも！

期待を裏切られコロンブスを信頼できなくなった貴族たちは，コロンブスをおいて帰国し，その惨状をヨーロッパ中に伝え広めた。

宮殿

女王陛下このたびは不本意にも失敗に終わりましたが，この次は必ず…

必ずや植民地を統治し，船いっぱいの黄金や香辛料を持ち帰ります！

何とぞ今一度ご支援下さいますよう!!

しかし，やはり次の航海でも成果があがらず植民地の統治もままならなかった。

そのうえ,

何を
する!!

ガシャーン!!

陛下は
おまえの植民地
政策の失敗に
大変
お腹立ちだ。

スペイン王に与えられた
権限を無視して
不正な統治を行ったとして
有罪の判決を
受けたのであった。

そうそう

大洋の提督兼
インド副国王の
地位もはく奪
するとのおおせ
だったぞ。

ええっ

うそだ
そんなわけが
あるものか!

陛下に

陛下に
会わせて
くれ!

コロンブスはやっと
手に入れた地位も
権利もはく奪され,
名声も地に落ちて
しまった。

うそだ

ガクッ

彼は罪を解かれた後も
第4回航海に出て,
名誉回復を
もくろんだが
それもかなわず

1506年
失意のうちにその
生涯を終えたのであった。

提督の称号は
私のものだ
……

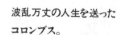

波乱万丈の人生を送った
コロンブス。

彼が後世に与えた
影響は計り知れない。

◎新大陸からヨーロッパに
　　伝わったもの

・植物
　ジャガイモ，サツマイモ，
　トウモロコシ，トマト，
　トウガラシなどの野菜や
　今では世界的なし好品で
　あるタバコなど。

・動物
　家畜では七面鳥がある。
　ペットとしてはコロンブス
　が王室に献上したオウムな
　どの鳥。

◎ヨーロッパから
　　新大陸に伝わったもの

・動物
　牛，馬，羊，豚などの家畜が
　農耕や食料，あるいは軍馬
　として持ち
　こまれた。

・疫病
　天然痘やハシカが
　植民者によって
　もたらされた。
　これによって免疫
　のない多くの
　原住民が死亡
　した。

新旧両大陸における政治・経済
宗教や人種，また生活や文化に
いたるまで，彼の「発見」によって
大きく変わってしまった。

地図製作においても
然りである。

コロンブス以前のものと
以後のものでは，地図の
性質が変わってしまった
のである。

それ以前のものは，地図
製作者の瞑想作業により
作られ，事実を無視した
マッパムンディといわれる
ようなもの，あるいは略図の
ようなものが中心だった。

しかし，それ以降のものは
新しい発見による「事実」を
地図に次々と描きこみ，
地図全体が事実に基づいた
正確なデータによる
図面となっていったのである。

ファン・デ・ラ・コーサの世界図（1500年ごろ）
コロンブスの発見を最初に取り入れて描かれた世界図。
色彩を使って犢皮紙に描かれたもので，ポルトラノのスタイルを
踏襲している。コロンブスがカタイ本土の一部と主張していたキューバを
島として扱っていることは興味深い。

地図製作はコロンブスの
行った探検航海──計画的
発見──をきっかけに
同時代の出来事を地理学的
思考に結びつけるようになった
のである。

コロンブスの描いた地図

新大陸を発見した
冒険者コロンブス

本当に見つけたものは
「歴史の扉」のカギ
だったのかもしれない
……

マップユートピア

地球を測ったひとびと

⑫

近代図法の祖～メルカトル

◉構成・画＝湯浅裕行◉監修＝檀原毅・土屋淳

巨神アトラスは,
ギリシャ神話で,巨神族を
率いて,ゼウスに戦いを挑み,
そのために両肩に天空を担う
刑に,処された神である。

現在,「アトラス」という名は
地図帳を指す。

ATLAS

1595年に完成した,
メルカトルが作成した
地図帳,その表題を
「アトラス」としたのが
はじまりであった。

16世紀——
ヨーロッパは
大きな転換期
にあった。

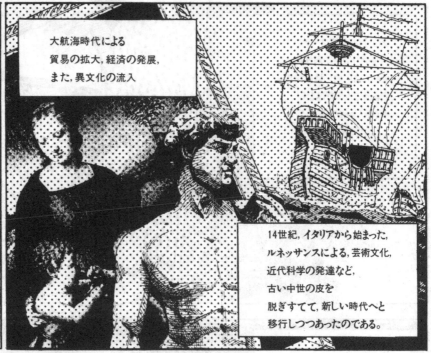

大航海時代による
貿易の拡大, 経済の発展,
また, 異文化の流入

14世紀, イタリアから始まった,
ルネッサンスによる, 芸術文化,
近代科学の発達など,
古い中世の皮を
脱ぎすてて, 新しい時代へと
移行しつつあったのである。

その時代の地図製作者たちは
その影響を最も
強く受けた存在かも
しれない。

ひんぱんに行われた
探検航海により,
新しい地理的な
情報が, 次々と飛び
こんでくる。

その情報を, いち早く
取り入れ, 最新の地図を
製作することが,
地図製作者の急務で
あった。

特に航海のための地図,
海図は航海者にとって
数少ない指針となる
重要なものである。

そのため, 彼らの技術や
才能に対する要求は,
いやがうえにも高まって
いったのであった。

また, 1445年のグーテンベルグの活版印刷機の発明により, 地図は手描きの希少なものではなく多くの人が手に入れることのできるものとして, 普及していった。

グーテンベルクの発明した活版印刷機

ゲラルドゥス・メルカトル

メルカトルは, そうした歴史的背景の中に現れた, 優れた地図学者であった。

メルカトルは1512年オランダのフランドル地方に生まれた。

そして, ルーヴァン大学に入学し, 有名な数学者, ヘンマ・フリシウスから幾何学, 天文学, 地理学を学ぶ。

フム彼はなかなか優秀だな……

ヘンマ・フリシウス

そのとき, フリシウスの地球儀, 天球儀の製作を手伝い

そのことがメルカトルの地図学者としての生涯を決定づけたのであった。

卒業後, メルカトルは,
地球儀, 日時計,
アストロラーベなどの
科学機器を製作
する仕事についた。

そして, それと同時に,
彫版の仕事にも手を
染めて, 24歳のころには,
すでに練達の彫版師になって
いたのである。

可能な限り,
最新の知識を
取り入れ,
事実に忠実に
地図や地球儀
に表していこう。

そして
中世の過りの
すべてを
ぬぐいさるんだ。

メルカトルは地図
製作者として,
完璧な地図を
目指した。

それには、メルカトルが解決しなくてはいけない問題があった。

うーむ

プトレマイオスの世界図

コンタリニの世界図

果たしてこれでいいのだろうか

「自分が事実を地図として表現するうえで、どのような方法で表せばいいか」

つまりどういった図法で地図を製作するかということである。

マルテルスの世界図

どれもこれもいまひとつ、地球を正確に平らな紙の上に表していない。

この問題は多くの地図製作者が考え、悩んできたことであった。

いったいどうすれば球を平面に写し、描けるのだろう……

メルカトルは、あえて新しい図法を編み出そうと考えたのである。

ルイシュの世界図

メルカトル！

地図の注文だ

またパレスチナの地図かい？

当時, 敬けんなキリスト教徒によるパレスチナの地図需要が非常に多く

パレスチナの地図

そのため, メルカトルの初期の作品にもパレスチナの地図がいくつか存在する。

不満そうだな

パレスチナの地図ばかりであきたのか？

別にそういうわけじゃないけど,

ぼくは, ルターの考えに賛同しているんでね

教会のものなら断る……

お, おいっ！

めったなことを言うんじゃない！

近ごろはプロテスタントの取り締まりがきびしくなっているんだ。

捕まったらどうする！

メルカトルは，学者として，マルチン・ルターの宗教改革に支持を表明した

※宗教改革は，マルチン・ルター（1483〜1546）がローマ・カトリック教会の免罪符販売に反対して95カ条の意見書を発表したことに始まる。ルターは，法王教会の権威を否定し，聖書に返ることを主張した。

しかし，カトリック教会による反宗教改革の動きがあるなか，支持をすることは大変危険なことであった。

宗教改革を成功させて，もっと学問や思想が自由にならなければ……

今のままでは新しいことを始めたくとも異端扱いされてしまう……

1538年，メルカトルの初めての世界図が出版される。

しかし，メルカトルは，この世界図では満足していなかった。

違う…

これでは，表現しきれていない

何かが違うんだ…

この世界図は，フィネの世界図（1531）に修正を加え作成された。複心臓型図法が使われ，地図の中心にある場所は本当の形が描かれているが，周辺に近づくと，陸地の形が歪められて，地球の丸みを感じさせる。この地図の大きな特徴は「北アメリカ」と「南アメリカ」という地名を最も早く記載していることにある。

メルカトルは, 新しい図法を求め, さらに地図製作に没頭していった。

やだ……
気味の悪い人!

異端者
じゃない
かしら

これはいい

メルカトルを
始末するいい
口実が
できた。

その様子は鬼気
せまるものが
あった。

やつは
異端者だ

ずっと寝て
ないから
人相悪いん
だろうなぁ…

16世紀は, ひんぱんに〝魔女狩り〟が行われていた時代である。

つまりカトリック教会は
宗教改革者を異端と
することによって
彼らを処刑できた わけである

?

貴様を
宗教裁判に
かける

メルカトル!

ガ

ええっ

メルカトルは異端者として,
宗教裁判にかけられてしまう。
疑われた者はすべて有罪となる
宗教裁判に……

フリップユートピア

地球を測ったひとびと ⑬

近代図法の祖～メルカトル
◎構成・画＝湯浅裕行 ◎監修＝檀原毅・土屋淳

手を出せ!

ど
どうして
……

釈放だっ!

ガシャ
ガシャ

それは影響力を
持った友人たちの
おかげであった。

メルカトル!

みんな!

大丈夫か?

ケガは?

ありがとう
大丈夫だよ。

しかし,このことはメルカトルの
心に深い傷を残し,
その後の彼は早く忘れようと
仕事に専念する毎日を
送るようになったのだった。

1552年

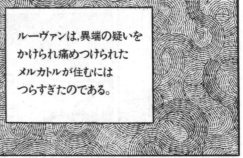

ルーヴァンは,異端の疑いを
かけられ痛めつけられた
メルカトルが住むには
つらすぎたのである。

メルカトルはますます
新教徒の弾圧が激しくなった
ルーヴァンを離れ,
デュイスブルグに移住する
ことにした。

それに比べ,デュイスブルグは
大変心の安まるところ
であった。

おはよう
ございます。
ヴァルターさん

おはよう!

ねぇ,
メルカトルさんは
地図を作って
るんだって?

ええ

よろしかったら
一度,工房を
見にきませ
んか?

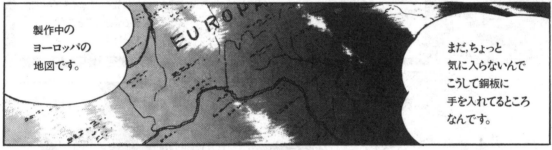

後に,ヴァルター・ギムは,
この隣人を「もの静かな性質で,
例を見ないほど正直で
誠実な人」と評している。

デュイスブルグでの生活は
メルカトルの心を隠やかに
していたのである。

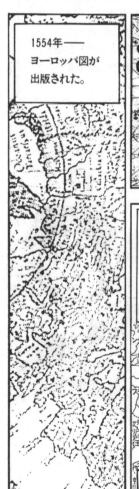

1554年──
ヨーロッパ図が
出版された。

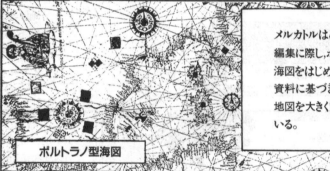

ポルトラノ型海図

メルカトルはこの地図の
編集に際し,ポルトラノ型
海図をはじめ多くの
資料に基づき,従来の
地図を大きく訂正して
いる。

ことに,地中海の東西の距離は
これまで,プトレマイオスにしたがって,
経度で62度にわたると
考えられていたが,メルカトル図では
53度にまで縮小された。

プトレマイオス

また陸地の輪郭や内陸の状態も
バルト海から黒海にかけて
東欧の部分や北欧のスカンジナビア
半島の部分などいちじるしく
改められた。

アントワープ

オルテリウス先生、メルカトル先生が新しい地図を出版なさいましたよ。

なに！

さすがメルカトルさん。

素晴らしい出来だ！

オルテリウスはメルカトルと親交のあった地図製作者のひとりだった。

アブラハム・オルテリウス

彼はメルカトルのような地図学者ではなかったが、当時の優れた地図製作者であり、また、地図出版者でもあった。

オルテリウスの地図もメルカトルの地図同様、ヨーロッパ諸国で名声を得ていた。

メルカトル先生が作られる地図が私の目標だ。

それは彼の地図の印刷が美麗、鮮明で文字の書体も洗練されていたばかりでなく、

多くの地図や、資料に基づいて当時の最新の知識が示されていたからであった。

先生に負けない地図を私も作っていくぞ。

先生
ホーフトマンさん
がお見えです。

このころ,オルテリウスは
商人のホーフトマンに,
ある依頼を受けていた。

エギディウス・
ホーフトマン

どうかね
作業は?

それはホーフトマンの集めた
大小の地図を24×28インチ
の統一サイズにし,
一冊の本のようにまとめる
ことだった。

うむ

ええ,
版のほうも仕上がり
ますし,
順調ですよ。

オルテリウスはこの仕事を
きっかけに,地図帳を
作成しようと考える
ようになる。

これと同じように
地図を集めた
本を作って
売り出して
みよう!

そうだ!

当時,地図帳と
いうのは全く
新しい試みで
あった。

オルテリウスが作ろうと
している地図帳。
それはメルカトルを大いに
刺激することになる
のだった。

資料提供＝清水靖夫先生・師橋辰夫先生

えっ 新しい図法？

メルカトルが思いついた
この図法こそが,有名な
"メルカトル図法"であった。

ええ

まぁ
見てください。

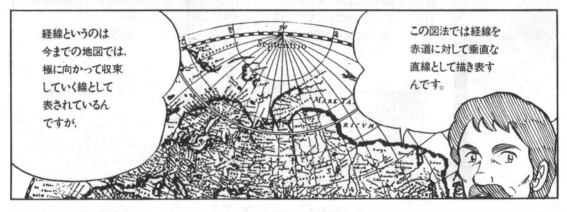

経線というのは
今までの地図では,
極に向かって収束
していく線として
表されているん
ですが,

この図法では経線を
赤道に対して垂直な
直線として描き表す
んです。

でも,
そうすると陸地の
大きさがかなり
変わってしまう
んじゃ……

ええ,
赤道から離れる
ほど拡大されて
しまいます。

ですからこの図法で
世界図を表した場合
グリーンランドなどは,
実際の何倍もの
大きさになる
でしょう。

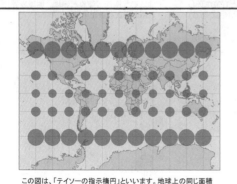

この図は、「テイソーの指示楕円」といいます。地球上の同じ面積
の円をメルカトル図法で投影したものです。高緯度になるにつれ
て、ひずみが大きくなる（面積が拡大されていく）ことが視覚的に
わかるでしょう。

109

それじゃあ,図法として不完全ということに……

ご心配なく。この図法はそれでもいいんです。

正角図法ですから!

正角?

正角図法とは文字どおり図上の各点ごとにすべての方向角が正しい図法のことです。

つまり,私は最初から同一地図上で縮尺が一定でなくてもいいと考えたうえで,この図法を考案しているのです。

≪メルカトル図法について≫

■メルカトル図法とは

メルカトル図法は正角円筒図法である。正角図法とは,地球上の任意の二方向に引いた方向線のなす角と,地図上のこれに対応する角とが等しくなる図法である。また,円筒図法とは,円筒を地軸と一致するように置き,その円筒面に地球表面を投影した後,切り開いて平面にする図法である。

したがって,地図上で経線と緯線が互いに直交する平行線群として表される。

■メルカトル図法の特長

メルカトル図法は,航程線が地図上で直線として表される特長がある。地図上の任意の2点を直線で結ぶことにより,経線と常に一定の角度で交差しながら進んでいくコースが得られる。このコースを航程線といい,これから舵角(経線と交わる角度)を得ることができる。

舵角は北から時計まわりに読み取る。航海では羅針盤によって,船の舵を常に舵角の方向を保つようにさせれば,やがて目的地の港へ到達することができる。この特長から,メルカトル図法は海図の標準的な図法とされている。

■メルカトル図法の注意点

メルカトル図法の地図を見るとき,注意をしなければならない点がある。その一つは,距離と面積について誤解が生じやすいことである。メルカトル図法は,低緯度地方に対して高緯度地方の距離や面積が大幅に拡大される。図1のヨーロッパの3都市のうち,東京から最も近い都市はローマに見える。しかし,東京から最も近い都市はレイキャビクなのである。

次に,方位(方角)について誤解が生じやすいことである。わが国からみた場合,米国は東の方角にあり,ヨーロッパは西の方角にあるといった誤解である。図2は東京からすべての地点への距離と方位が正しく表された正距方位図法の世界地図である。

この地図からわかるように,わが国の東にあたるのは米国ではなくて,南米のブエノスアイレス(アルゼンチン)であり,西にあたるのはヨーロッパではなくて,アフリカのナイロビ(ケニア)なのである。こうした誤解は,地球儀を日常もっと身近において,これに親しむ習慣をつければ避けることができそうである。

■インターネット地図の投影法

「地理院地図」や「Googleマップ」,「Yahooマップ」など,インターネットで配信されている地図の多くがメルカトル図法を採用している。その主な理由は,次の2点である。

・メルカトル図法は円筒図法である。円筒図法は,経線と緯線が互いに直交する平行線群で表されることから,矩形のディスプレイと親和性が良い。

・地球を局所的に見るときに,地球表面と相似形となる正角図法である。

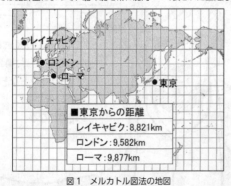

■東京からの距離
レイキャビク:8,821km
ロンドン:9,582km
ローマ:9,877km

図1　メルカトル図法の地図

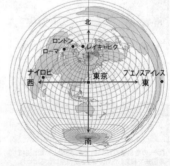

図2　東京を地図の中心においた正距方位図法の地図

私は以前から,航海者にとって使用しやすい地図を作りたいと思っていました。

この図法は,その地図を完成させるために必要な図法なのです。

大圏航路とは、地球上の2地点間の最短コースのことです。また、航程線とは、出発地から目的地まで羅針盤上で一定の方位を保って航海するときのコースのことです。

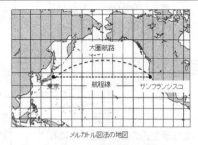

メルカトル図法の地図

心射図法の地図

最短距離を進むのは,短時間で目的地に着くためには,当然のことではあるが,

船を操作する者からすれば,羅針盤の方位の絶えまない変更を要求される大変手間のかかる航路のとり方だったのである。

私の新図法で描かれた海図なら,一定の方位に進めば,羅針盤の方位を変えることもなく目的地に到達できるはずです。

もっとも大圏航路より少し距離は遠くなりますけどね。

なるほど,航海者にとって使いやすい海図にするために,

あえて縮尺のことは重視しなかったんですね。

ええ

この海図はきっと長距離の航海をする航海者にとっては,ポルトラノ海図なんかより数段使いやすいものになりますよ!

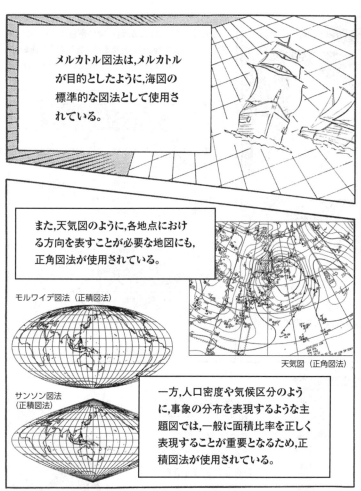

メルカトル図法は,メルカトル
が目的としたように,海図の
標準的な図法として使用さ
れている。

また,天気図のように,各地点におけ
る方向を表すことが必要な地図にも,
正角図法が使用されている。

モルワイデ図法（正積図法）

サンソン図法
（正積図法）

天気図（正角図法）

一方,人口密度や気候区分のよう
に,事象の分布を表現するような主
題図では,一般に面積比率を正しく
表現することが重要となるため,正
積図法が使用されている。

ヴァルターさん,
私はさっそく,
この図法で
世界図を作成
しようと思います。

グゥ

グゥ

グゥ

完成を楽しみに
してますよ
メルカトルさん!

≪地図投影法の分類≫

地図投影法は,図形的性質による分類と投影
面の形状による分類に大別される。

■図形的性質による分類

地図投影法は,図形的性質により正距図法,
正角図法,正積図法に分類される。

正距図法とは,特定の1点あるいは2点から
全ての地点への距離が,地図の縮尺比で正しく
表される投影法である。

正角図法とは,地球上の任意の二方向に引い
た方向線のなす角と,地図上のこれに対応する
角とが等しくなる投影法である。

正積図法とは,地球上の任意の範囲の面積が,
縮尺に応じて地図上に正しく表される投影法で
ある。

■投影面の形状による分類

地図投影法は,投影面の形状により方位図法,
円錐図法,円筒図法に分類される。

方位図法とは,地球に平面を置き,その平面
に地球表面を投影する図法である。

円錐図法とは,地球に円錐を置き,円錐面に
地球表面を投影した後,切り開いて平面にする
図法である。

円筒図法とは,地球に円筒を置き,円筒面に
地球表面を投影した後,切り開いて平面にする
図法である。

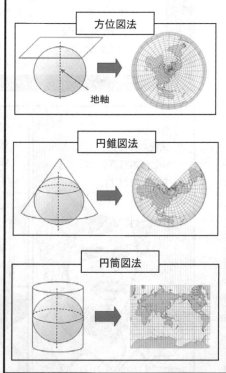

方位図法

地軸

円錐図法

円筒図法

≪地図投影法について≫

主な投影法の分類表

	方位図法	円錐図法	円筒図法	左記以外の図法
正距図法	正距方位図法 正射図法	トレミー図法（正距円錐図法）	正距円筒図法	
正角図法	平射図法	ランベルト正角円錐図法	メルカトル図法 ガウス・クリューゲル図法	ラグランジュ図法
正積図法	ランベルト正積方位図法	アルベルス正積円錐図法 ランベルト正積円錐図法	ランベルト正積円筒図法 ベールマン図法	サンソン図法 モルワイデ図法 ボンヌ図法 グード図法 ヴェルネル図法
上記以外の図法	心射図法 外射図法		ミラー図法 ゴール図法	エイトフ図法 ヴィンケル図法

正軸法，横軸法，斜軸法

地図投影法は，地軸と投影面の回転軸との関係により**正軸法，横軸法，斜軸法**に分類される。

正軸法とは，円錐や円筒の回転軸が地軸と一致する場合，あるいは方位図法における平面が極で接する場合である。

横軸法とは，円錐や円筒の回転軸が地軸と直交する場合，あるいは方位図法における平面が赤道上にある場合である。

斜軸法とは，円錐や円筒の回転軸が地軸と斜交する場合，あるいは方位図法における平面が極や赤道上以外の位置にある場合である。

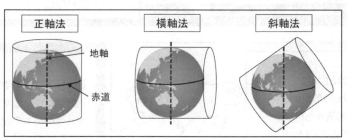

正軸法，横軸法，斜軸法の概念図

投射図法と非投射図法

投射図法とは，一定点（視点）から地球を透視し，経緯線網や海岸線などの地図表示対象を平面（投影面）に投影する方法である。

投射図法は，視点の位置により心射図法，平射図法，内射図法，外射図法，正射図法に分類される。

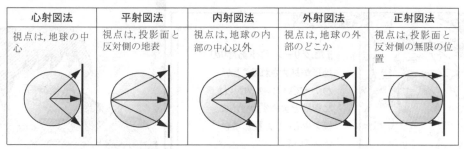

心射図法	平射図法	内射図法	外射図法	正射図法
視点は，地球の中心	視点は，投影面と反対側の地表	視点は，地球の内部の中心以外	視点は，地球の外部のどこか	視点は，投影面と反対側の無限の位置

投射図法の分類

非投射図法とは，投射図法以外の投影法である。非投射図法は，投射図法に補正を加え，目的の性質が得られるように改良されたもので，地図投影法のほとんどが非投射図法である。

1569年

ついに,メルカトルの名を不朽の
ものとならしめた世界図が
完成した。
それは18図幅からなる大型の
地図であり,地図に記載された
地名は豊富で,多くの注記も記さ
れていた。

この世界図の特徴としては
ヨーロッパ,アフリカの形態が
プトレマイオスの影響から脱して
いること。それまでのアメリカが
アジアと同じ大陸を形成するという
考えが,間違っていると記されて
いることなどがある。

アジアとアメリカは同一
大陸を形成していると思
われていた。

しかし,東アジアやアジア,アフリカの
内陸部について,プトレマイオスや
マルコ・ポーロの記述による
ところが多いこと。北アメリカの
内陸が空白のままであること。
南半球に南方大陸が
描かれていることなど,
まだまだ考慮しなければ
ならないところも多かった。

また,グリーンランドあたりの
地形が拡大されることが
わかっていたメルカトルは,
北極圏を含めず,かわりに
極を中心にした投影法を
添えている。

◀メルカトルの
「北極図」

114

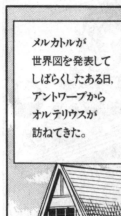

メルカトルが
世界図を発表して
しばらくしたある日,
アントワープから
オルテリウスが
訪ねてきた。

先生,
ごぶさた
しています。

先生こそ
また素晴らしい
仕事をなさって……

敬服しております。

君の活躍ぶりは,
デュイスブルクまで
届いているよ。

実は,今回
うかがったのは
先生の作られた
地図をお借り
したいと思いまして。

それは
いっこうに
かまわんが

どうするん
だね?

実は10年ほど
前から少しずつ
進めてきたの
ですが……

なるほど
地図帳とは
おもしろい!

ぜひ協力
させてくれ
たまえ!

メルカトルはオルテリウスの地図帳に
大変興味を持ち喜んで協力を
約束した。そしてこのことが
メルカトルの「アトラス」作成への
きっかけとなったのである。

資料提供＝清水靖夫氏・師橋辰夫氏

115

マップユートピア

地球を測ったひとびと ⑮

世界地図帳「アトラス」

◉構成・画＝湯浅裕行◉監修＝檀原毅・土屋淳

THEA
TRVM
ORBIS
TERRA
RVM

1570年,オルテリウスは,ついに
世界初の近代的地図帳である
「地球の舞台」を完成させた。

「地球の舞台」は,フォリオ判の
大地図帳で53図幅70図から
なっており,内容を説明する
テキストがついているという
ものだった。

またオルテリウスは,編者の謝辞の
中でメルカトルをはじめ,参照や
引用に使われた地図の
製作者87人の名前をすべて
あげている。

このことは地図製作者が,
作品の信憑性を高めるために
プトレマイオスの名前を借りる
必要がなく,誰でもが個人として
知識の集積に寄与できる時代の
先触れとなった。

「地球の舞台」は，出版後，すぐに大変な売れ行きを示した。

先生，大成功ですね。

ああ

しかしこのままだとあっと言う間に売り切れてしまうぞ。

よし！

すぐに増刷だ！

そして3カ月後には第2版が刷られ，その年のうちに第4版を重ねたのだった。

その後「地球の舞台」は，ラテン語の本文がオランダ語，ドイツ語，フランス語，スペイン語，英語に翻訳され，オルテリウスが世を去る1598年には28版を数え，1612年には41版にまで達した。

この成功によって，オルテリウスは富と名声を得て，その時代の代表的な地理学者たちに助言を与える存在となっていったのである。

そしてついには，その功績を認められ，スペイン国王，フェリペ2世付の地理学者に任命されたのであった。

うーむ
これは良い
出来ばえだ。

父さん

ギィ〜ン

メルカトルの息子
ルモンド

それは
オルテリウスさんが
作った地図帳
ですね！

うむ

おまえも
見てみなさい

おお,
ルモンド
か。

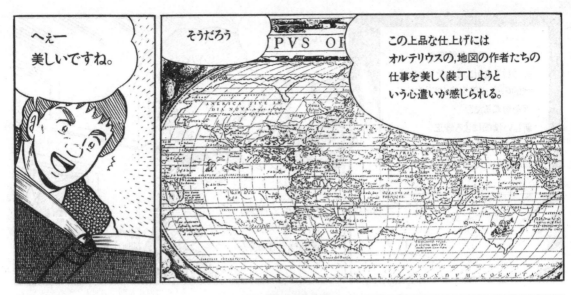

へぇー
美しいですね。

そうだろう

この上品な仕上げには
オルテリウスの,地図の作者たちの
仕事を美しく装丁しようと
いう心遣いが感じられる。

それに,それぞれの作品を
損なわずに,忠実に
再現しているところが
素晴らしい。

残念だが
このことは
地図製作者が,
なおざりに
しがちなことなのだ。

地理学上の真実を
世を問ううえでは,
欠くことのできない
ことだというのに……

その重要さに気付いて
いない者が多すぎる
のだ!

オルテリウスさんは,
その点理解して
らっしゃるんですね。

ああ

彼ほど真正の地理学に
対して誠実で
情熱を持っている
人はいないだろう。

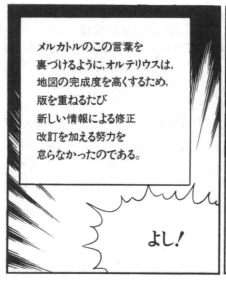

メルカトルのこの言葉を
裏づけるように,オルテリウスは,
地図の完成度を高くするため,
版を重ねるたび
新しい情報による修正
改訂を加える努力を
怠らなかったのである。

よし！

ルモンド

私もオルテリウス
さんに負けない
地図帳を作るぞ！

世界各地の地図を
総合した,
世界地図帳を！

このとき,メルカトルが製作を
開始した全3巻の地図帳こそが
「アトラス」であった。

「アトラス」は1585年に
第1集として、フランス
ベルギー、ドイツの51図

また1589年には
第2集として、イタリア、スラヴォニア
ギリシャの23図が出版
された。

そして、1594年

父さん

メルカトル
さん

ル…
ルモンド

はあ
はあ

はい

あとを
頼んだぞ
……

はい。必ず「アトラス」を
完成させます。

メルカトルは第3集
製作なかばにして
この世を去ってしまう。

そのため「アトラス」は
息子のルモンドがメルカトルの
遺志を継ぎ,

翌年の1595年に
イギリスとそのほかの
ヨーロッパ諸国
アフリカ,アジア,アメリカ
などを加えた,
107国による第3集を
出版し,「アトラス」が
完成する。

その後「アトラス」の銅版は,
アムステルダムの地図製作者
ホンディウスに譲り渡され,

ホンディウスは1606年に
これに新図を加えた
ホンディウス版アトラスを
出版することになる。

GERARDUS MERCATOR NATUS
RUPELMUNDÆ IN SOLI MARTII ANNO
CIƆIƆXII ETIT ANNI CIƆIƆ M.VII.D.
XXVII DENATUS II NON DECEMBR
ANNO CIƆIƆXCIV

そしてそれは,1640年までに
約30版を重ね,オルテリウスの
地図帳と同じく,数カ国語で
出版されるという
ベストセラーとなったので
あった。

ヨドクス・ホンディウス

メルカトルはその82年の生涯において大航海時代の初期に始まった地図製作の革命を仕上げ

哲学的な絵解き図, あるいは粗雑な略図程度だった地図をさらに実用的な道具にまで高めたのである。

▲「アトラス」の扉絵　　　　　　　　　　▼メルカトルの肖像

メルカトルは地図学を近代的かつ, 科学的な時代へ導いたまさしく, 近代地図学の祖であった。

資料提供＝清水靖夫氏・師橋辰夫氏

マップユートピア

地球を測ったひとびと ⑯

ジョン・ハリソンの航海用時計～経度の問題
◉構成・画＝湯浅裕行◉監修＝檀原毅・土屋淳

16世紀末以来
スペイン，オランダ，フランス
イギリスの各国は多額
の懸賞金を用意して
海上での正確な経度
測定法の発見に躍起に
なっていた。

北海

イギリス王国

ロンドン

大西洋

神聖ローマ帝国

パリ

フランス王国

ウィーン

リスボン

17世紀の
ヨーロッパ

スペイン王国

地中海

ローマ教皇領

ローマ

また当時の一流の学者である，
ガリレオ，ニュートン，
ハレー，ホイヘンス，ライプニッツ
などがその発見に挑んでいた。

そして，その有数の学者たちの
発見が次々と失敗に終わる
中で，その難問を解決した
人物がいた。

イギリスの時計師
ジョン・ハリソンで
ある。

124

1714年
3月25日

イギリス議会に「国王陛下の船の船長と，ロンドンの貿易商人と商船の船長」の有志が，当時の航海上最もさしせまった問題について何らかの手をうってほしいと願いでた。

お願いです！

何とぞ，経度を測定する方法を発見するために議会のお力添えを！

とは言ってものう

経度の測定方法を発見することのために議会が動くというのも……

議員の方々は経度の問題がいかに重要か理解されていない

これはひいてはイギリス国家の重大な問題となるのですよ。

1707年のあの悲惨な出来事を覚えてらっしゃるでしょう！

わがイギリス海軍の軍艦が4隻，シチリア島の沖合で遭難，2,000名もの乗組員が生命を落としたことを……

あれは，船の経度を正確に知ることができなかったばかりに，起こった事故だったのです

軍艦やその乗組員を戦争でもないのに失ってしまったことは，大きな損害であった。

経度を知ることは軍艦や商船の安全を確保するためにとても重要なのです

それだけではありません

今まで経度を知る方法がないために，どれだけの船が航海に遅延をきたしたことか

そしてそのことが貿易を振興する上でどんなにマイナスとなってることか……

なるほど……

わが国の軍事と経済の中心である海上貿易に大きく影響するとなれば見逃すわけにはいきませんな

うむ

議会として何らかの対策を講ずることに決定しよう！

126

かくして議会は，経度測定法を発見した個人または，団体に賞金を出すことに決定。

また，科学者と海軍の高官からなる常設の委員会「経度委員会」が応募してきたものの評価と精度テストの結果を判定することにした。

ありがとうございます

議会のこの措置は，天文学者，数学者や発明家はもちろん，多くの人々を発奮させ，経度問題に取り組ませていくことになる。

ハレー

ニュートン

ジョン・ハリソンもまた，この議会の懸賞の発表を知り，経度の問題に取り組んだひとりであった。

ふーん「船の経度を確定する方法を考えたものに賞金を与える」……か

ジョン・ハリソン

ヨークシャー

へえー　その賞金っていうのはいくらなんだい？

えーっと「経度誤差1度以内1万ポンド40分以内1万5,000ポンド，30分以内2万ポンド」だってさ

2万
ポンド！

そいつは
すげえや！

その
経度を測定する
のはそんなに
難しいのか？

そりゃあ
……

あのガリレオ
でも困難
だったという
問題だから
のう

えっ
ガリレオが！

1610年，ガリレオは
自分がその年に発見した
木星の4つの衛星を観
測することにより，経度
が測定できるのでは
と考えた

しかし，それは長期に
わたり観測する必要が
あったため，海上の揺れる
甲板の上で行うことは
不可能だった。

ガリレオ・ガリレイ　1564〜1642

また，ガリレオは簡単な振子
が計時装置になることを
発見し，航海用の時計をつくる
ことを思いついた。

しかし，この方法もまた，
時計を完成することが
できず，成功に結び
つかなかったのである。

ガリレオに
無理なもの
オレに測定できる
わけないよなぁ

やっぱ庶民に
2万ポンドは
夢かぁ……

当時の技術から考えると
航海用時計を作ることは
至難の技であった

船の揺れ，気温の変化
湿度の差，緯度による
比重の違いなど克服
しなければならない点
がまだまだあったから
である。

それらすべてを解決して
はじめて，ハリソンは
航海用時計を完成
できるのであった。

その後、航海用時計
の製作を心に決めた
ハリソンは，時計の仕事
に経験を重ねて

しだいに発明の才能
を現しはじめていた

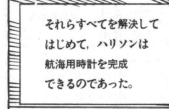

振子は鉄や鋼の棒で
できていたため，冬には縮んで
時計を進ませ，夏には伸びて
時計を遅らせてしまうという
欠点があった。

そのひとつは振子の
改良である。

そこでハリソンは鉄と鋼を
交互に組み合わせることに
よって、相互の金属の膨張と
収縮を消去させることを
思いつき，その欠点を取り除く
ことに成功したのである。

また，ハリソンは「バッタ」式脱進機という，新しい制御装置を発明した。

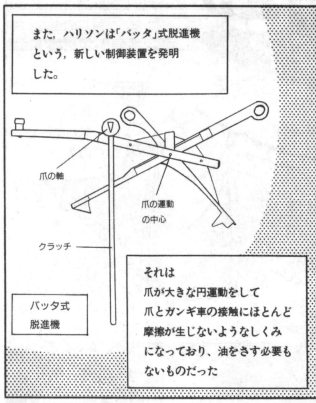

爪の軸

爪の運動
の中心

クラッチ

バッタ式
脱進機

それは
爪が大きな円運動をして
爪とガンギ車の接触にほとんど
摩擦が生じないようなしくみ
になっており、油をさす必要も
ないものだった

これらの発明ができた
ことはハリソンにとって
大きな自信となりまた，航海
用時計の製作のための
下準備としても意味
のあることであった。

そして、
1728年

やった！
航海用時計の
設計図ができた！

懸賞の発表から14年後
ハリソンはついに，懸賞に
応募するための航海用
時計の製作に取りかかった
のだった。

マップユートピア

地球を測ったひとびと 17

時計製作開始

◎構成・画＝湯浅裕行◎監修＝檀原毅・土屋淳

父さん旅行に行くの？

航海用時計の設計図を完成させたハリソンはその時計の製作に取りかかるためさっそく資金を調達することにした。

ああ，ロンドンまで行ってくるよ

そこでジョージ・グラハムという有名な時計師に会ってくるつもりだ。

ふーん

ハリソンは、ジョージ・グラハムなら、時計製作に理解のある良いスポンサーを紹介してくれるのではという友人のすすめで，彼を訪ねることにしたのである。

いってらっしゃーい

ロンドン

グラハムと会ったハリソンは
まず，自分の技量を示すため，
焼き網式振り子とバッタ式
脱進機のついた時計の
実物大模型と航海用時計の
設計図をグラハムに見せた。

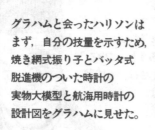

ジョージ・グラハム

ほう，
これは航海用
時計の図面
ですね！

ええ，私は，
それを少しでも
早く完成したいと
考えているのですが，
資金がなくて
困っているのです。

では
スポンサーを探して
いらっしゃるのです
ね。

ええ

それで
グラハムさんに，
どなたか
ご紹介して
いただけたらと
……

なるほど

そうですね。

そうだ，
こういうのは
どうです。

私にその製作資金を
出させていただくと
いうのは！

えっ

グラハムさん
が！

私も時計師です。
この設計図を見れば
あなたが作ろうとしている
物の素晴らしさは
わかりますよ。

ハリソンさんは,
安心して
故郷に帰り
製作を始めて
ください。

ありがとう
ございます！

グラハムは,片田舎の
一時計師である,ハリソンの
才能を認めたうえに,
自腹を切ってまで,
その航海用時計を
完成させることに力を
貸してくれたのだった。

そして,ハリソンは,
そのグラハムの協力に
こたえるべく,製作に
取りかかり

7年後の1735年
ついに
航海用時計「第1号」を
完成させたので
ある。

ついに
完成したぞ……

経度委員会

次は，ジョージ・ハリソンなるものから提出された航海用時計であります。

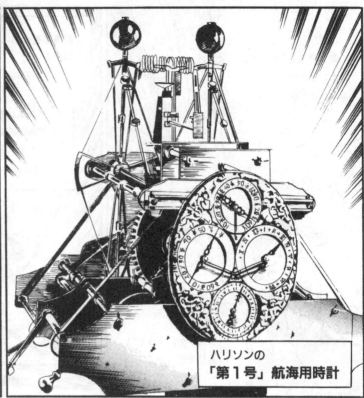

ハリソンの「第1号」航海用時計

おおっ

これは素晴らしい出来栄えだ

これを見てください

できるだけ可動部分を取り除いたのでしょう。シンプルによくまとまっていますよ。

それにこの工夫がまたいい

海上ではあてにならない振り子の代わりに真ちゅう製の大きな釣り合い錘を針金で結んで，海上で時計が，正確に動くように考えてある。

これなら
海上テストを行う
十分な価値が
ありますな

ぜひ
テストをしようでは
ありませんか！

経度委員会の
評価を得た
ハリソンの時計は

リスボンまでの
往復の航海によって
海上テストが
行われた。

しかし，新式の道具である
この時計を船乗りたちが
うまく扱えるはずもなく

不時の衝撃や振動などを
たび重ねて与えてしまい
正しいテスト結果を得ることが
できなかった。

おかげで不完全な
テストであったが，
ハリソンの航海用時計は
性能の良さが
ある程度証明され，

ハリソンは委員会より
補助金を受けることが
できたのだった。

幸運だったのは，帰路に
おいて，推測航法の計算よりも
ハリソンが時計によって
正確に位置を
見積もることが
できたことである。

それから，ハリソンは
その補助金をもとに
さらに性能の良い航海用
時計を考案，製作を
続けていった。

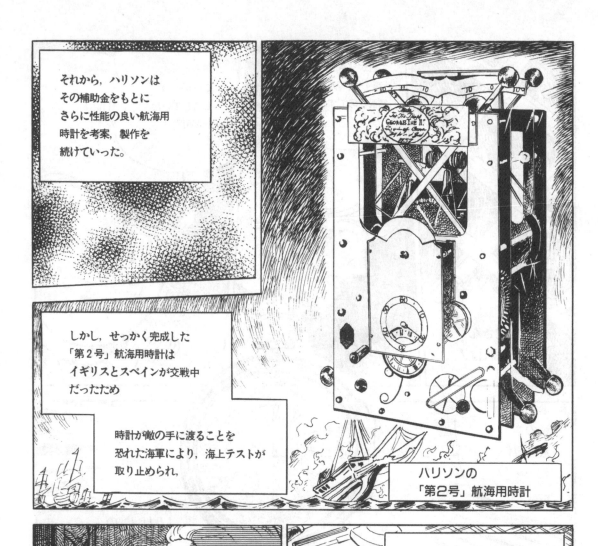

しかし，せっかく完成した
「第2号」航海用時計は
イギリスとスペインが交戦中
だったため

時計が敵の手に渡ることを
恐れた海軍により，海上テストが
取り止められ，

ハリソンの
「第2号」航海用時計

ハリソンはそれでもなお
あきらめることなく不屈の
精神で製作を続けた
のだった。

そして，1761年

また「第3号」航海用時計は，
完成まで17年も費やした
労作にもかかわらず，
ハリソンは海上テストを
申し出ないままであった。

ついに，ハリソンの最高
傑作ともいえる「第4号」
航海用時計が完成する。

これが父さんの
「第4号」の航海用
時計なのですか！
……

そうだ
これが私の
目指していた
航海用時計

父さん
これは！

私の
最高傑作
だ……

ハリソンの
「第4号」航海用時計

素晴らしい
ですよ。
父さん！

前につくった時計の
3つに比べて
だんぜん小さいし

少し大きめの懐中時計といった
感じでデザインも美しい。
まさに技術の粋が
こらされていますよ。

この時計は
私の50年に
およぶ自己犠牲と
不断の労苦,
たゆみない努力の
結晶なのだ。

世界中の器械や
数学を応用した
ものの中で

この時計ほど
美しく好奇心を
そそる構造のものは
ないに違いない

私はそう
断言しても
いい。

「第4号」航海用時計が
完成したとき,ハリソンは
すでに68歳。
懸賞に応募しようと考えてから,
47年の月日がたっていた。

今度は絶対
賞金が
もらえますよ

ああ

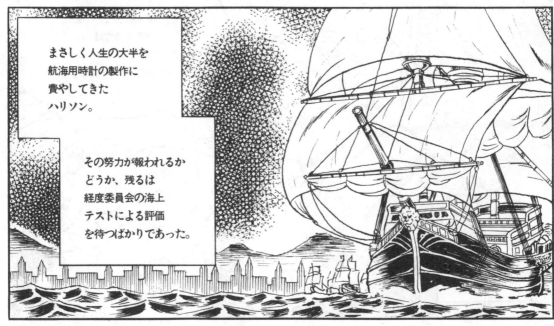

まさしく人生の大半を
航海用時計の製作に
費やしてきた
ハリソン。

その努力が報われるか
どうか,残るは
経度委員会の海上
テストによる評価
を待つばかりであった。

マップユートピア

地球を測ったひとびと
18

〈最終回〉経度のハリソン
●構成・画＝湯浅裕行●監修＝檀原毅・土屋淳

1761年1月，「第4号」の海上テストが
行われた。
このときハリソンは，すでに68歳になっており，
とても西インド諸島への航海は無理だった。
そこでハリソンは，自分の息子のウイリアムに
時計を託すことにしたのだった。

頼んだぞ
ウイリアム……

私の推測航法によれば
本船の現在経度は
西経13度50分だが，
ハリソンの時計ではどうだ？

は，
はい。

西経
15度19分
です…。

出航後
9日目—

デッドフォード号船長

距離にして，約160kmは違うことになるな……

はい

言っておくが，私は推測航法に絶対の自信がある。

結果が楽しみだな。

わはは は

父さんの時計は，本当に経度委員会の要求を満たす成果が得られるのだろうか……

翌朝

船長！

正面を見てください！

信じられん！

ポントサント島かっ！

なんと航海中，ハリソンの時計による予測に従っていたデッドフォード号は，10日前にジャマイカに向けて出航していたほかの船よりも，三日早く目的地に到着したのであった。

えっ本当ですか！

その後、「第4号」は陸に揚げられ、天文測量によるジャマイカの経度と照合された。そして、あらかじめわかっていた誤差（1日につき2秒3分の2）を調整した結果、その時計は5秒遅れているだけとわかった。

これは経度にすると1分25秒であり、2.3kmに相当する。「第4号」の精度は、委員会の要求をはるかに上回っていたのである。

また「第4号」は帰りの航海で、激しい嵐による衝撃と圧力という試練を受けたが、それについても5カ月にわたる往復航海後の経度誤差は全体で28分5秒という好結果を得たのであった。

ウイリアム素晴らしい成果だ！

今度こそ、賞金は間違いなく父さんのものですね！

しかし、委員会の評価は厳しかった。

2,500ポンドしか支払えないですって！

どういうことです、それは！

この前のテスト結果は
幸運によるものという
可能性が高いんでな
……

協議の結果
2,500ポンドが
妥当ということに
なったのだ。

そんな
……

幸運などで
この結果が
でましょうか！

まあ,再度,海上テストを
行い,時計の構造検査を
受けるなら,賞金を全額
与えんでもない……

どうじゃ
もう一度
テストをするか?

くっ

委員会の慎重さは正しいと
いえなくもないが,その動機は,
委員たちの一介の田舎時計師
などに賞金をやるわけには
いかないという
プライドにあった。

それにそれを認めることは
賞金を得ようとしている同僚の
委員たちの大きな打撃に
なりかねなかったのである。

さらに,ハリソンには
成功を邪魔する
存在があった。

ネビル・マスケリン
である。

マスケリンは経度を求めるには
月による方法がよいと
かたくなに思い込んでいたため,
委員会に時計による方法を
認めないよう,圧力を
かけていたのだった。

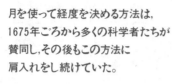

月を使って経度を決める方法は，
1675年ごろから多くの科学者たちが
賛同し，その後もこの方法に
肩入れをし続けていた。

しかし，経度を決めるのに月を
利用するには，正しい時刻を知り，
月の位置を何年も前に計算を
しておかなければならないうえに，
月の運行を完全に理解し，それを，
図示するという大変手間のかかる
方法だった。

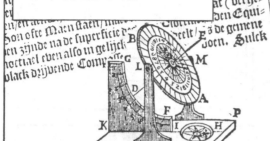

一度決めたら，意見を
簡単には変えられない
科学者のプライドが
この大変な方法を無理
にでも完成させようと
したのであろう。

彼らにしてみれば
ハリソンの才能を
認めたら，科学者として
おしまいだったので
ある。

しばらくすると，さらにハリソンは
賞金を全額手に入れる可能性
が薄くなってしまった。

しかたがない
言うとおりに
しよう。

こともあろうにマスケリンが
王立天文台長の地位を
引き継ぎ，以前にもまして
影響力を強くしたのである。

ハリソンはもう委員会から
出された条件を
のむしかなかった。

ハリソンが賞金を手に入れる
ための条件は次の通りである。
①海上テストをもう一度受ける
　こと。
②ハリソンの時計の秘密を
　明らかにして複製できる
　ようにすること。
③これまで作った4つの時計を
　委員会に引き渡すこと。

しかし,たとえハリソンが
要求通りにしたところで
7,500ポンドしか受け
取れないことになって
いたのだった。

つまり,ここまでしても
賞金総額の半分の1万
ポンドしかもらえない
のである。

さらに残りの1万ポンド
を手に入れるためには
あと時計を2つ作り

徹底的なテストを
しなければならな
かった。

委員会は経度の問題を解決
するのに必要な道具をいくつも
作ることをねらいとしていたので,
表面的にはもっともな要求
だったが,

実際はハリソンの才能を
なんとしても認めたがら
ない気持をあらわにし
エサで釣るようなまねを
したのである。

ハリソンは不本意ながら
委員会の要求をのみ,
すべて,その通りにした。

しかし,そんなハリソンの
気持ちなどかまうことなく,
マスケリンはハリソンに対する
攻撃をやめようと
しなかったのである。

マスケリンは残りの1万ポンドを
受け取るための時計のテストを
行う際,ここぞとばかり
苛酷なテストをしたのだった。

文字盤を上に向けて置いたり,
下に向けて置いたり,時計が
まともに機能しないように
わざとテストし,否定的な
報告書を書いたのである。

これにはさすがの
ハリソンも我慢ならな
なかった。

わたしの人生を
かけた研究を
いったいなんだと
思っているのか!!

ハリソンは友人たちの
力を借りるなどして,
委員会のこれまでの
扱いに断固抗議
した。

その結果,意外な人物が
ハリソンを助け,まるで
おとぎ話のような結着を
向かえることができたの
である。

その人物とは,時の
国王,ジョージ三世
であった。

ハリソンの主張は
正しいと思う。

余が時計の
精度を証明して
委員会に認めさせ
てくれるわ。

ジョージ三世

146

1773年
ハリソンは2万ポンドの
賞金の残額を受け取った。

パチ パチ パチ パチ

さすがの経度委員会も
国王にさからってまで,
ハリソンを防害する
わけにはいかな
かったのである。

ついに名実ともに
認められたハリソンの
航海用時計。

この時計こそ,航海と
海図づくりに新しい次元
"経度"をもたらし,
現代の海洋クロノメーター
の先駆けと
なったのである。

クロノメーター

そして,航海用時計の発明の
ために,その一生をささげ
経度測定を可能にした
ハリソン。

その不断の努力と不屈の精神に
敬意を表し,人は彼を
「経度のハリソン」と呼んだ。

マップユートピア
地球を測ったひとびと

2019 年 1 月 11 日発行　　　本体 600 円 + 税

発行者　公益社団法人　日本測量協会

　　　　〒113-0001 東京都文京区白山 1-33-18

　　　　白山 NT ビル

　　　　TEL　03（5684）3354

印　刷　日本印刷㈱

ISBN　978-4-88941-114-0